생각이 크는 언어치료

저자약력

김정완 대구대학교 언어치료학과 교수 / 언어재활사 1급

강경미 강동대학교 의료청력재활과 초빙교수 / 언어재활사 2급

박성현 대구대학교 재활산업공학석사 졸 / 언어재활사 2급

기초언어능력부터 사회적 의사소통까지!
생각이 크는 언어치료

초판 1쇄 발행 2020년 7월 20일
초판 11쇄 발행 2024년 10월 31일

지은이 김정완 · 강경미 · 박성현
발행인 채종준

출판총괄 박능원
책임편집 이강임
디자인 김예리
일러스트 김예리 · 박성현 · 배병우
마케팅 문선영 · 전예리
전자책 정담자리
국제업무 채보라

브랜드 이담북스
주소 경기도 파주시 회동길 230 (문발동)
투고문의 ksibook13@kstudy.com

발행처 한국학술정보(주)
출판신고 2003년 9월 25일 제406-2003-000012호
인쇄 북토리

ISBN 979-11-6603-013-0 14370

03
Human
therapy

기초언어능력부터 사회적 의사소통까지!

생각이 크는 언어치료

김정완 · 강경미 · 박성현 지음

학령전기
• 아동편 •
PART I (활동)

이담
Books

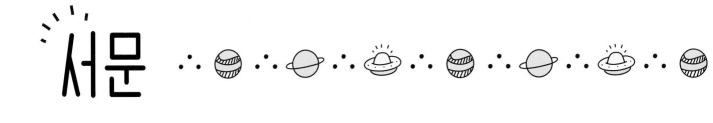

서문

생각이 크는 언어치료가 출간된지 벌써 10년의 시간이 흘렀습니다. 현장에서 바로 꺼내 쓸 수 있는 자료를 집약해보자는 의도에서 집필을 시작했었는데, 언어재활사만 사용할 거라는 첫 예상과는 달리, 의사소통에 어려움이 있는 자녀를 둔 부모님들의 교육자료로 많이 사용되면서 누구나 쉽게 이해하고 사용할 수 있도록 모습을 바꿔야 할 필요성을 지속적으로 느끼고 있었습니다.

(초판)생각이 크는 언어치료가 학령전기부터 학령기에 이르는 넓은 범위의 연령대를 아우르려다 보니 내용이 유기적으로 연결이 안 되고, 자극 수준의 편차가 컸던 것도 사실입니다. 따라서 개정 작업에서 주력했던 부분은 학령전기와 학령기를 구분하여 각 단계에서 아동의 의사소통 발달에 필요한 내용을 가능한 골고루 다뤄주고자 노력하였습니다.

본 개정판은 PART I(활동)과 PART II(부록)으로 나뉩니다. 초판에서는 흑백 선화로 이루어져 있어 다소 어둡고 칙칙했던 것에 반해, 개정판에서는 모두 컬러그림으로 바꾸고, 필요에 따라서는 카드나 스티커를 치료에 활용할 수 있도록 부록을 따로 만들었습니다. 따라서 한번 활동 후 버려지는 자료가 아니라, 여러 번 활용할 수 있도록 제작하였습니다. 또한 글자자극을 활용한 읽기 및 쓰기 활동이 많았던 초판과

는 달리 개정판에서는 그림을 활용한 구어 이해, 표현 활동을 대폭 늘리고, 좀더 생활에 밀접한 소재로 내용을 교체하였습니다.

이러한 작업이 가능하게 된 데에는 노련한 언어재활사 두 분이 공동저자로 참여하면서 현장에서 경험한 내용들을 토대로 함께 고민할 수 있는 힘이 늘어났기 때문입니다. COVID-19로 전세계인이 힘들어하고 있는 올해, 화상회의를 통해 아이디어를 모으고 일러스트 작업을 하고 서로 피드백을 주고 받는 작업이 녹록지 않았습니다. 그러나 그 누구도 불평 한 마디 없이 열정만으로 더위를 물리치며 완성해냈습니다.

책의 마무리 작업을 하면서 여전히 아쉬운 점은 많지만 한편으로는 홀가분함을 느낍니다. 개정판이 좀더 나을 모습으로 탈바꿈할 수 있도록 도와주신 ㈜한국학술정보의 채종준 사장님을 비롯한 모든 출판사 구성원들, 특히 엄청난 에너지로 개정 작업을 독려해주신 이강임 편집장님께 감사의 인사를 전합니다.

이 책이 아동의 의사소통을 촉진할 수 있는 요긴한 자료로 도움되기를 바랍니다.

2020년 대표저자 씀

목차

 어디에 살까? 해당되는 장소와 연결해 보세요.

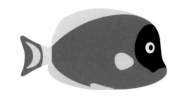

어디에 살까요? 해당되는 장소와 연결해 보세요.

누구일까?

✏️ 누구일까요? 이름을 말해 보세요. 그리고 이 사람들이 있는 곳과 연결해 보세요.

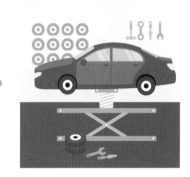

누구일까요? 이름을 말해 보세요. 그리고 이 사람들이 있는 곳과 연결해 보세요.

누구일까요? 이름을 말해 보세요. 그리고 이 사람들이 있는 곳과 연결해 보세요.

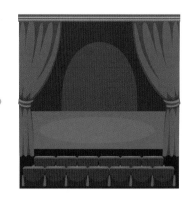

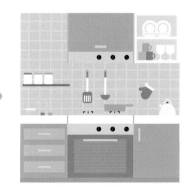

분류하기

✏️ 자, 색연필이나 사인펜을 들고 비슷한 것끼리 묶어봅시다.
그런 후, 각자 공통점과 다른 점을 설명해 보세요.

자, 색연필이나 사인펜을 들고 비슷한 것끼리 묶어봅시다.
그런 후, 각자 공통점과 다른 점을 설명해 보세요.

자, 색연필이나 사인펜을 들고 비슷한 것끼리 묶어봅시다.
그런 후, 각자 공통점과 다른 점을 설명해 보세요.

자, 색연필이나 사인펜을 들고 비슷한 것끼리 묶어봅시다.
그런 후, 각자 공통점과 다른 점을 설명해 보세요.

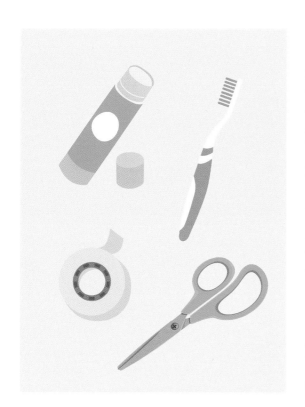

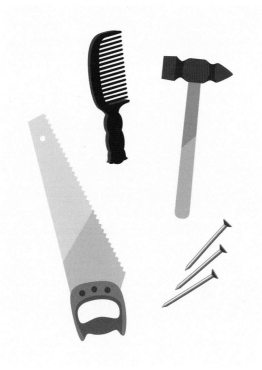

사물의 세부 부분 이해

✎ 그림 밑에 나와 있는 단어를 보고 그림 안에서 그 부분을 찾아 색칠해 보세요.
(선생님이 불러주는 말을 듣고 그림 안에서 그 부분을 손가락으로 짚어 보세요.)

다리   꼬리   귀

날개   손잡이   바퀴

끈   굽   수염

✏️ 그림 밑에 나와 있는 단어를 보고 그림 안에서 그 부분을 찾아 색칠해 보세요.
(선생님이 불러주는 말을 듣고 그림 안에서 그 부분을 손가락으로 짚어 보세요.)

다리

손잡이

꼭지

프로펠러

뚜껑

단추

발톱

바퀴

지느러미

✏️ 그림 밑에 나와 있는 단어를 보고 그림 안에서 그 부분을 찾아 색칠해 보세요.
(선생님이 불러주는 말을 듣고 그림 안에서 그 부분을 손가락으로 짚어 보세요.)

손잡이　　　　　부리　　　　　날개

꼭지　　　　　손잡이　　　　　단추

바퀴　　　　　연필심　　　　　다리

1부터 5까지의 수

✏️ 수를 읽으면서 써 보세요.

일
하나

1

이
둘

2

삼
셋

3

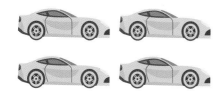

사
넷

4

오
다섯

5

몇 개인지 세어 보고 알맞은 수에 동그라미 하세요.

   1   ②   3   4   5

   1   2   3   4   5

   1   2   3   4   5

   1   2   3   4   5

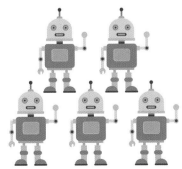   1   2   3   4   5

 수의 순서를 배워봅시다. 맞는 것끼리 연결해 보세요.

돼지

코끼리

원숭이

토끼

사자

셋
셋째
3

하나
첫째
1

다섯
다섯째
5

둘
둘째
2

넷
넷째
4

외래어

✎ 다음 그림 중, 외래어인 단어는 어떤 것이 있을까요? 찾아서 동그라미 해 보세요.

무엇으로 만들어졌나요?

✏️ 다음의 그림을 보고 같은 재료를 사용하여 만들어진 물건들을 짝지어 보세요.

다음의 그림을 보고 같은 재료를 사용하여 만들어진 물건들을 짝지어 보세요.

다음의 그림을 보고 같은 재료를 사용하여 만들어진 물건들을 짝지어 보세요.

✏️ 다음의 그림을 보고 같은 재료를 사용하여 만들어진 물건들을 짝지어 보세요.

모양 이해

✎ 어떠한 모양들이 있는지 살펴보세요. 그리고 오른쪽에 나와 있는 그림 중에서
그 모양과 같은 것을 골라 보세요.

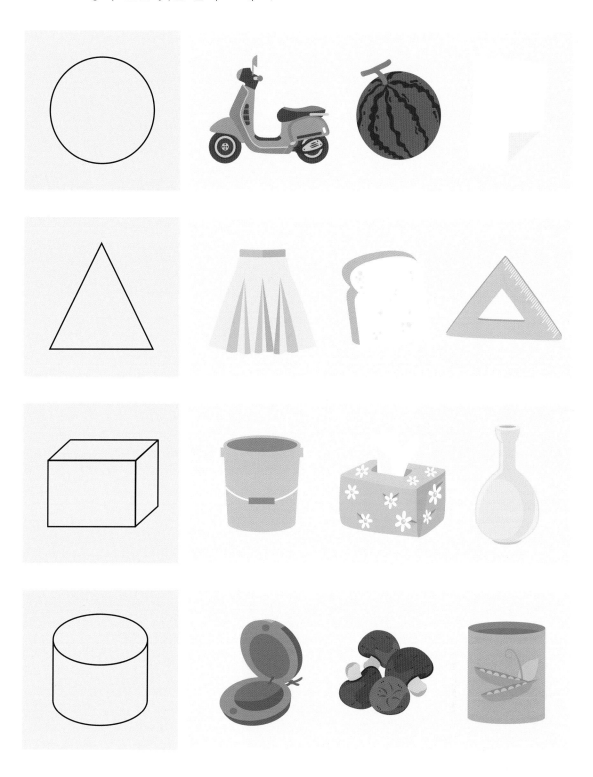

동그라미, 세모, 네모 어떤 모양의 물건이 있는지 찾아보세요.

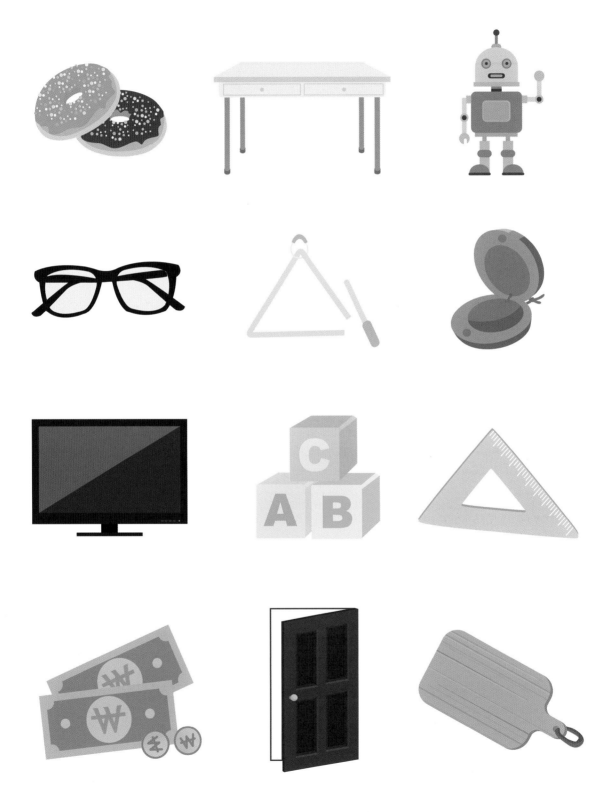

길이 이해

✏️ 더 긴 것을 찾아보세요.

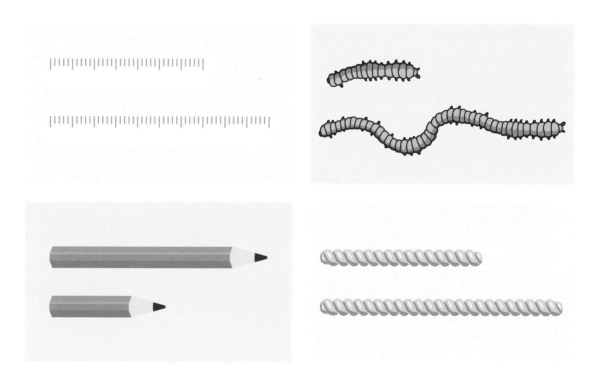

✏️ 자보다 더 긴 것에 모두 동그라미 하세요.

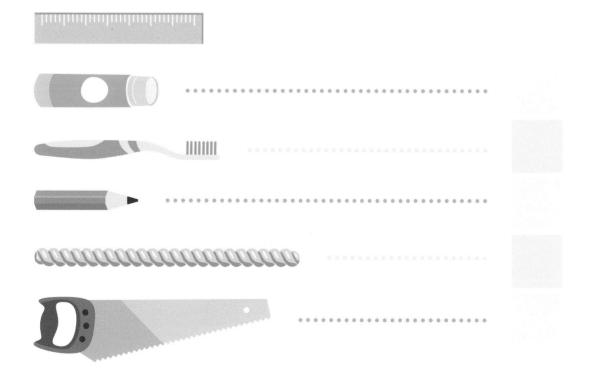

31

무게 이해

✏️ 동물들이 시소를 타고 놀고 있어요. 누가 더 무거울까?
　　무거운 쪽에 동그라미해 보세요.

✏️ 무게를 재고 있어요. 무엇이 더 무거울까? 무거운 쪽에 동그라미 해 보세요.

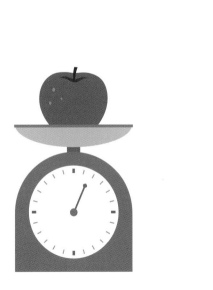

더 무거운 쪽에 동그라미 하세요.

가장 무거운 쪽은 ○, 가장 가벼운 쪽은 △를 표시하세요.

더 넓은 쪽에 동그라미 하세요.

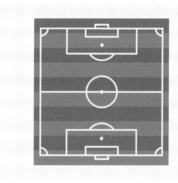 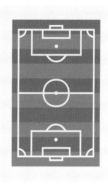

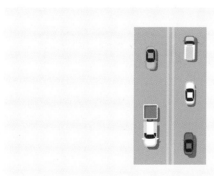 

가장 넓은 쪽은 ○, 가장 좁은 쪽은 △를 표시하세요.

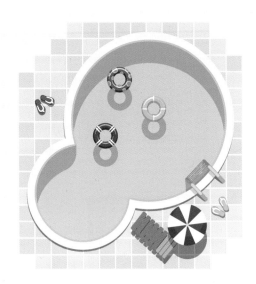

더 많은 것, 더 적은 것

✏️ 왼쪽 상자에 있는 것보다 하나 더 많은 것을 찾아보세요.

 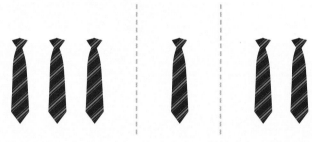 

왼쪽 상자에 있는 것보다 하나 더 적은 것을 찾아보세요.

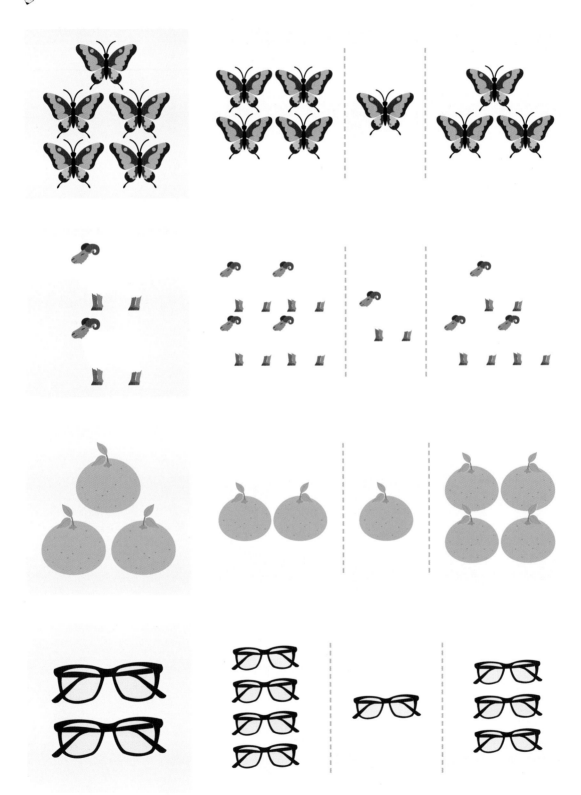

곤충의 수를 세어보고 ☐ 안에 알맞은 수를 써넣어 보세요. 어떤 곤충이 더 많은지 비교해 본 후, 동그라미 해 보세요.

는   보다   많습니다 / 적습니다

는   보다   많습니다 / 적습니다

는   보다   많습니다 / 적습니다

주의 깊게 듣고 대답하기: 1단계

✏️ 선생님이 불러주는 내용을 잘 듣고 질문에 대답해 보세요.
(선생님은 굵은 글자를 강조해서 읽어주세요.)

 누가

1 엄마가 햄버거를 사주셨어요.

누가 햄버거를 사주었니?

2 아빠는 회사에 가셨어.

누가 회사에 갔니?

3 아빠는 동생을 혼내셨어.

아빠가 **누구**를 혼냈니?

4 아침에 엄마가 피자를 만들어주셨어.

누가 아침에 피자를 만들어주었니?

5 영수는 민지랑 같이 유치원에 갔어.

영수는 **누구**와 같이 유치원에 갔니?

6 나는 내일 유치원에 안 가지만, 누나(언니)는 내일 학교에 가.

내일 학교에 **누가** 가니?

7 어제 형(오빠)은 컴퓨터 게임을 오래하다가 엄마한테 혼났어.

누가 엄마한테 혼났니?

8 혜진이는 유치원에서 승아랑 싸웠어.

혜진이는 **누구**와 싸웠니?

9 찬영이는 뛰어가다가 넘어져서 다쳤어.

누가 다쳤니?

10 간호사 선생님이 동생의 엉덩이에 주사를 났어.

누가 동생의 엉덩이에 주사를 났니?

11 영찬이는 가족들과 공원에 놀러 갔다.

영찬이는 **누구**와 공원에 놀러 갔니?

무엇

1 누나(언니)는 어제 햄버거를 먹었어.

누나(언니)는 어제 **무엇**을 먹었니?

2 동생은 컴퓨터를 망가뜨렸어.

동생이 **무엇**을 망가뜨렸니?

3 나는 쓰레기통에 과자껍질을 버렸다.

쓰레기통에 **무엇**을 버렸니?

4 엄마는 자전거를 타고 슈퍼에 가셨다.

엄마는 **무엇**을 타고 슈퍼에 가셨니?

5 나는 저녁에 소시지를 먹었다.

저녁에 **무엇**을 먹었니?

6 가방을 메고 유치원에 갔다.

무엇을 메고 유치원에 갔니?

7 나는 만화책을 많이 봐서 엄마한테 혼났다.

무엇을 봐서 엄마한테 혼났니?

8 콧물이 나와서 휴지로 닦았다.

무엇으로 콧물을 닦았니?

9 망치로 못을 박았다.

무엇으로 못을 박았니?

10 지우개로 틀린 글씨를 지웠다.

무엇으로 틀린 글씨를 지웠니?

11 날씨가 너무 추워서 장갑을 꼈다.

날씨가 추워서 **무엇**을 꼈니?

12 엄마는 슈퍼에서 두부와 오이를 사셨다.

엄마가 슈퍼에서 **무엇**을 사셨니?

1 민수는 아파트에 산다.

민수는 **어디**에 사니?

2 아저씨는 비행기를 타러 공항에 가셨다.

아저씨가 **어디**에 가셨니?

3 나는 우유컵을 식탁 위에 놓았다.

우유컵을 **어디**에 놓았니?

4 진수와 성찬이는 놀이터에 놀러 나갔다.

진수와 성찬이는 **어디**로 놀러 나갔니?

5 나는 기차를 타러 서울역으로 갔다.

기차를 타러 **어디**로 갔니?

6 우리 가족은 일요일에 산에 올라갔다.

우리 가족은 **어디**에 올라갔니?

7 나는 책을 가방에 넣었다.

책을 **어디**에 넣었니?

8 베개를 침대 위에 놓았다.

베개를 **어디**에 놓았니?

9 엄마는 꽃을 꽃병에 꽂으셨다.

엄마는 꽃을 **어디**에 꽂으셨니?

10 영찬이는 금요일날 공원에 놀러 갔다.

영찬이는 **어디**에 놀러 갔니?

11 여름에는 시원한 바다로 놀러 가요.

여름에는 **어디**로 놀러 가니?

어떻게

★━━★━━★━━★━━ ★ 예시 ★ ━━★━━★━━★━━★

미진이가 뛰어가다가 넘어져서 무릎을 다쳤어.

미진이는 뛰어가다가 **어떻게** 되었니? 넘어졌어요. / 넘어져서 다쳤어요.

무릎을 다치면 **어떻게** 해야 할까? 집에 가서 약을 발라야 해요.

1 정현이가 계란부침개를 만들다가 손을 데었어.

정현이가 계란부침개를 만들다가 **어떻게** 되었니?

손을 데면 **어떻게** 해야 할까?

2 영수는 단 것을 너무 많이 먹어서 이가 썩었어.

영수는 단 것을 많이 먹어서 이가 **어떻게** 되었니?

이가 썩으면 **어떻게** 해야 하니?

3 준형이는 버스정류장에서 새치기를 하다가 뒤에 계시던 할아버지한테 혼났어.

영수는 새치기를 하다가 어떻게 되었니?

할아버지한테 혼나지 않으려면 **어떻게** 해야 하니?

4 우리 가족은 대문을 잠그지 않고 외출했다가 집에 도둑이 들었다.

대문을 잠그지 않고 외출해서 **어떻게** 되었니?

우리 집에 도둑이 들지 않으려면 **어떻게** 해야 하니?

5 아저씨가 담배꽁초를 산에 버려 산불이 났어요.

아저씨가 담배꽁초를 버려서 **어떻게** 되었니?

산불이 나지 않으려면 **어떻게** 해야 하니?

6 비 오는 날, 우산을 쓰지 않고 나갔다가 머리와 옷이 다 젖었어요.

우산을 쓰지 않고 나가서 **어떻게** 되었니?

머리와 옷이 젖지 않으려면 **어떻게** 해야 했을까?

7 준석이가 수업 시간에 떠들어서 선생님한테 혼났어.

준석이는 수업 시간에 떠들어서 **어떻게** 되었니?

선생님한테 혼나지 않으려면 **어떻게** 해야 했을까?

8 준성이는 추운 겨울날, 잠바를 안 입고 나가서 감기에 걸렸어요.

준성이는 추운 날, 잠바를 안 입고 나가서 **어떻게** 되었니?

감기에 걸리지 않으려면 **어떻게** 해야 했을까?

9 아기가 기어 다니다가 마룻바닥에 놓인 물주전자를 엎었다. 그래서 팔을 데었다.

아기가 팔을 데이지 않으려면 **어떻게** 해야 했을까?

10 수정이는 동생과 아이스크림을 서로 더 먹겠다고 다퉈서 엄마한테 혼났어요.

수정이는 동생과 싸워서 **어떻게** 되었니?

동생과 싸우지 않으려면 **어떻게** 했어야 했니?

왜?

✏️ 왜 안 되는지 그 이유를 설명해 보세요.

1 압력밥솥의 김이 빠지기 전에 뚜껑을 열면 **왜** 안 될까?

2 콘센트에 여러 개의 전기플러그를 항상 꽂아 놓으면 **왜** 안 될까?

3 손을 씻지 않고 밥을 먹으면 **왜** 안 될까?

4 돼지고기를 익히지 않고 먹으면 **왜** 안 될까?

5 아이스크림을 서랍에 보관하면 **왜** 안 될까?

6 닭에게 뼈다귀를 먹이로 주면 **왜** 안 될까?

7 밥을 먹고 이를 닦지 않으면 **왜** 안 될까?

8 밥을 먹은 후, 설거지를 하지 않으면 **왜** 안 될까?

9 흰 우유를 냉장고에 넣지 않고 식탁 위에 올려놓으면 **왜** 안 될까?

✎ 왜 안 되는지 그 이유를 설명해 보세요.

1 방 안에서 모닥불을 피우면 **왜** 안 될까?

2 도로에서 교통법규를 지키지 않으면 **왜** 안 될까?

3 오줌을 누고 싶을 때 길거리에 누면 **왜** 안 될까?

4 영화를 보면서 영화관 안을 돌아다니면 **왜** 안 될까?

5 유치원에 간 동생을 엄마가 데리러 가지 않으면 **왜** 안 될까?

6 밖에 놀러나갈 때 맨발로 나가면 **왜** 안 될까?

7 공원에 있는 예쁜 꽃들을 꺾어서 집에 갖고 오면 **왜** 안 될까?

8 밭에 있는 수박과 참외를 그냥 따 먹으면 **왜** 안 될까?

9 전철역에서 줄을 서지 않고 먼저 타면 **왜** 안 될까?

✎ 왜 안 되는지 그 이유를 설명해 보세요.

1 햇볕이 쨍쨍한 날, 우비를 입고 나가면 **왜** 안 될까?

2 길에서 주운 지갑을 가지면 **왜** 안 될까?

3 수영장에서 잠바를 입고 물속에 들어가면 **왜** 안 될까?

4 산에서 담배꽁초를 버리면 **왜** 안 될까?

5 형(누나, 언니, 오빠)이 엄마한테 혼날 때 옆에서 놀리면 **왜** 안 될까?

6 아빠가 뾰족구두를 신으면 **왜** 안 될까?

7 전철 안에서 소리 지르며 뛰어다니면 **왜** 안 될까?

8 슈퍼마켓에 들어가 과자랑 아이스크림을 들고 그냥 나오면 **왜** 안 될까?

9 학교(유치원)에 갈 때 빈손으로 가면 **왜** 안 될까?

✎ 왜 안 되는지 그 이유를 설명해 보세요.

1 일주일 동안 몸을 닦지 않으면 **왜** 안 될까?

2 밥을 컵으로 먹으면 **왜** 안 될까?

3 비 오는 날에 빨래를 널면 **왜** 안 될까?

4 폭풍우가 쏟아질 때 배를 타면 **왜** 안 될까?

5 겨울에 반바지와 반팔티를 입고 나가 놀면 **왜** 안 될까?

6 화장실 세면대의 물을 틀어 놓고 나가면 **왜** 안 될까?

7 놀이터에서 놀고 난 후, 집에 들어와 바로 자면 **왜** 안 될까?

8 국물을 마실 때 젓가락으로 먹으면 **왜** 안 될까?

9 샴푸로 머리를 감고 헹구지 않으면 **왜** 안 될까?

✎ 왜 안 되는지 그 이유를 설명해 보세요.

1 친구가 걸어가고 있을 때 내가 발을 걸면 **왜** 안 될까?

2 아이가 술을 마시면 **왜** 안 될까?

3 버스를 탈 때, 돈을 내지 않으면 **왜** 안 될까?

4 자고 있는 동생을 때리면 **왜** 안 될까?

5 가스레인지의 불을 켜 놓은 채, 낮잠을 자면 **왜** 안 될까?

6 도서관에서 책을 읽다가 마음에 드는 그림이 있을 때 찢어서 가지면 **왜** 안 될까?

7 목욕할 때 옷을 입고 있으면 **왜** 안 될까?

8 깜깜한 밤에 크게 노래를 부르거나, 피아노를 치면 **왜** 안 될까?

9 옷을 벗고 밖에 나가면 **왜** 안 될까?

✏️ 왜 안 되는지 그 이유를 설명해 보세요.

1 독이 든 뱀을 집에서 키우면 **왜** 안 될까?

2 똥을 누고, 닦지 않으면 **왜** 안 될까?

3 못을 박을 때 망치 대신 손으로 두드리면 **왜** 안 될까?

4 내가 좋아하는 피자, 햄버거, 핫도그를 매일매일 먹으면 **왜** 안 될까?

5 에어컨을 켜고 창문을 열어 놓으면 **왜** 안 될까?

6 돈을 저금하지 않고 다 써버리면 **왜** 안 될까?

7 밀가루 반죽을 굽지 않고 그냥 먹으면 **왜** 안 될까?

8 집에 가지 않고 학교에서 지내면 **왜** 안 될까?

9 엄마 지갑에서 몰래 돈을 꺼내면 **왜** 안 될까?

어떻게?

✏️ 다음과 같이 하면 어떻게 되는지 결과를 이야기해 보세요.

1 콜라를 먹고 뚜껑을 꽉 잠그지 않으면 어떻게 될까?

2 비 오는 날에 우산을 쓰지 않으면 어떻게 될까?

3 소풍날 아침, 천둥번개가 치고 비가 쏟아지면 어떻게 될까?

4 더울 때 팥빙수, 아이스크림, 얼음물을 한꺼번에 많이 먹으면 어떻게 될까?

5 방의 불을 항상 켜 놓으면 어떻게 될까?

6 횡단보도 앞에서 신호등이 빨간불일 때 그냥 건너면 어떻게 될까?

7 냉장고의 전기가 나가면 어떻게 될까?

8 무서운 호랑이가 동물원 우리에서 탈출하면 어떻게 될까?

9 공원에 놀러가서 음식 쓰레기를 잔디밭에 버리면 어떻게 될까?

다음과 같이 하면 어떻게 되는지 결과를 이야기해 보세요.

1 갑자기 몸무게가 10kg이 늘면 어떻게 될까?

2 담배꽁초를 길거리에 버리면 어떻게 될까?

3 눈병이 났을 때 다른 식구들과 수건을 같이 쓰면 어떻게 될까?

4 쓰레기를 집 안에서 태우면 어떻게 될까?

5 물고기를 어항에서 꺼내 놓으면 어떻게 될까?

6 자동차 타이어의 바람이 빠지면 어떻게 될까?

7 밤에 잠을 자지 않고 늦게까지 만화영화를 보면 어떻게 될까?

8 전철 안에서 큰 소리로 전화통화를 하면 어떻게 될까?

9 엄마가 오징어 튀김을 만들고 계세요. 기름이 들어 있는 냄비 안에 물을 넣으면 어떻게
   될까?

✏️ 다음과 같이 하면 어떻게 되는지 결과를 이야기해 보세요.

1 내가 개구리처럼 긴 혓바닥을 갖게 된다면 어떻게 될까?

2 우리 집의 컴퓨터가 없어진다면 어떻게 될까?

3 불이 났는데, 119 소방차가 없다면 어떻게 될까?

4 벌거벗고 길거리에 나가면 어떻게 될까?

5 전기가 없어진다면 어떻게 될까?

6 핸드폰이 없어진다면 어떻게 될까?

7 사계절 중에 겨울이 없어진다면 어떻게 될까?

8 비행기가 없어진다면 어떻게 될까?

9 온 세상에 남자만 있으면 어떻게 될까?

어떤 기분이 들까요?

 선생님이 들려주는 이야기를 잘 듣고, 그때 기분이 어떨지 이야기해 보세요.

1 엄마가 예쁜 신발을 사주셨어요. 어떤 기분이 들까요?

2 아빠가 내일 놀이공원에 데려가 주시기로 하셨어요. 어떤 기분이 들까요?

3 더 먹고 싶은데, 우유가 모자라요. 어떤 기분이 들까요?

4 미술시간에 선생님께서 잘 그렸다고 칭찬해 주셨어요. 어떤 기분이 들까요?

5 예쁜 동생이 태어났어요. 이제 나에게도 동생이 생긴 거예요. 어떤 기분이 들까요?

6 비가 오고, 천둥번개가 막 치고 있어요. 어떤 기분이 들까요?

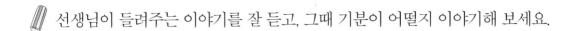 선생님이 들려주는 이야기를 잘 듣고, 그때 기분이 어떨지 이야기해 보세요.

1 암탉이 알을 품었는데, 그 속에서 병아리 대신 기린이 나왔어요.

   어떤 기분이 들까요?

2 공원에서 엄마를 잃어버렸어요. 어떤 기분이 들까요?

3 엄마가 내 생일날 로봇을 사준다고 하셨는데, 갑자기 안 사주신대요. 어떤 기분이 들까요?

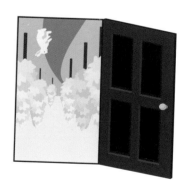

4 외출하려고 대문을 열었는데, 온 세상이 거꾸로 뒤집혔어요.

   어떤 기분이 들까요?

5 친구랑 장난치다가 친구의 안경을 부러뜨렸어요. 어떤 기분이 들까요?

6 아침부터 계속 비가 와서 오늘 소풍이 취소됐어요. 어떤 기분이 들까요?

✏️ 선생님이 들려주는 이야기를 잘 듣고, 그때 기분이 어떨지 이야기해 보세요.

1 친구가 다른 동네로 이사 간대요. 앞으로 친구를 볼 수 없어요. 어떤 기분이 들까요?

2 금방 청소를 끝냈는데, 개가 발자국을 남겼어요. 어떤 기분이 들까요?

3 갑자기 내 앞에 있던 사람이 연기가 돼서 사라졌어요. 어떤 기분이 들까요?

4 내 친구는 항상 나보고 못생겼다고 말하며 놀려요. 어떤 기분이 들까요?

5 하루가 지났는데, 물고기를 한 마리도 잡지 못했어요.
   어떤 기분이 들까요?

6 밤늦게까지 텔레비전을 보다가 엄마한테 혼났어요. 어떤 기분이 들까요?

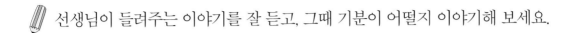 선생님이 들려주는 이야기를 잘 듣고, 그때 기분이 어떨지 이야기해 보세요.

1 아이스크림 껍질을 깠는데, 아이스크림이 뚝 하고 부러졌어요.

　　어떤 기분이 들까요?

2 엘리베이터를 타고 가는데, 갑자기 엘리베이터가 멈췄어요. 어떤 기분이 들까요?

3 할머니가 아끼시던 도자기를 실수로 깨뜨렸어요. 어떤 기분이 들까요?

4 추운 겨울날, 집을 잃은 강아지가 길에서 떨고 있어요. 어떤 기분이 들까요?

5 내 친구는 공부도 잘하고, 얼굴도 잘 생겼어요(예뻐요). 어떤 기분이 들까요?

6 친구들이 내가 제일 좋대요. 어떤 기분이 들까요?

일의 순서대로 설명하기(Sequencing Card)

✎ 어떤 일이 제일 먼저 일어났을까요? **부록 1**(3컷)에 있는 카드를 활용하여 일이 일어난 순서대로 붙이고 이야기해 보세요.

1

이야기 그림 카드를
붙여주세요.

2

이야기 그림 카드를
붙여주세요.

3

이야기 그림 카드를
붙여주세요.

어떤 일이 제일 먼저 일어났을까요? **부록 1**(3컷)에 있는 카드를 활용하여 일이
일어난 순서대로 붙이고 이야기해 보세요.

1

이야기 그림 카드를
붙여주세요.

2

이야기 그림 카드를
붙여주세요.

3

이야기 그림 카드를
붙여주세요.

어떤 일이 제일 먼저 일어났을까요? **부록 1**(4컷)에 있는 카드를 활용하여 일이 일어난 순서대로 붙이고 이야기해 보세요.

1

이야기 그림 카드를
붙여주세요.

2

이야기 그림 카드를
붙여주세요.

3

이야기 그림 카드를
붙여주세요.

4

이야기 그림 카드를
붙여주세요.

어떤 일이 제일 먼저 일어났을까요? **부록 1**(4컷)에 있는 카드를 활용하여 일이
일어난 순서대로 붙이고 이야기해 보세요.

1

이야기 그림 카드를
붙여주세요.

2

이야기 그림 카드를
붙여주세요.

3

이야기 그림 카드를
붙여주세요.

4

이야기 그림 카드를
붙여주세요.

왜 이상할까?

✎ 다음 그림을 보고 이상한 부분을 골라 보세요. 그리고 그 그림이 왜 이상한지
설명해 보세요.

다음 그림을 보고 이상한 부분을 골라 보세요. 그리고 그 그림이 왜 이상한지 설명해 보세요.

다음 그림을 보고 이상한 부분을 골라 보세요. 그리고 그 그림이 왜 이상한지 설명해 보세요.

다음 그림을 보고 이상한 부분을 골라 보세요. 그리고 그 그림이 왜 이상한지
설명해 보세요.

다음 그림을 보고 이상한 부분을 골라 보세요. 그리고 그 그림이 왜 이상한지 설명해 보세요.

다음 그림을 보고 이상한 부분을 고른 후, 왜 이상한지 설명해 보세요. 그리고 앞으로 어떤 일들이 일어날지, 그림을 자세히 보고 설명해 보세요.

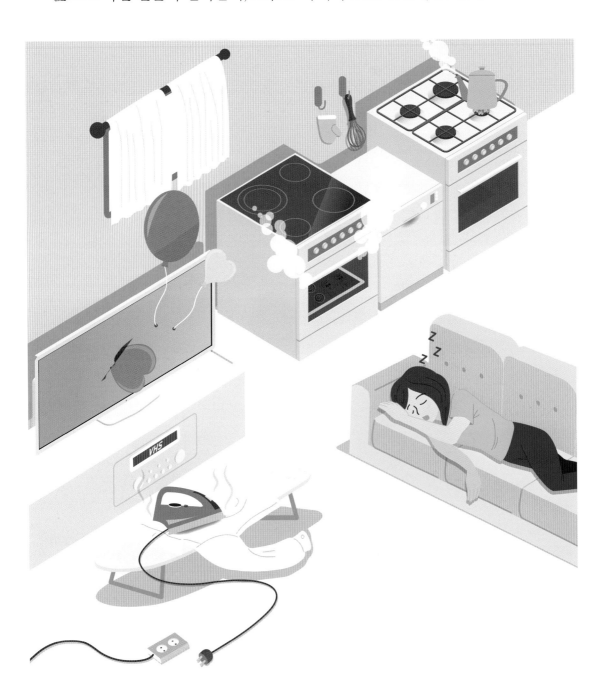

어떻게 해결할 수 있을까?

✏️ 다음 그림에 나타난 상황을 보고 어떤 문제가 발생하였는지 말해보세요. 그리고 상황을 해결할 수 있는 방법을 다양하게 생각하여 이야기해 봅시다.

어떤 문제가 생겼나요? 3가지의 해결 방법을 말해봅시다.
해결 방법 한 가지는 스스로 생각해 보세요.

꽃이 시들고 있어요.
어떻게 해야 할까요?

다음 그림에 나타난 상황을 보고 어떤 문제가 발생하였는지 말해보세요. 그리고
상황을 해결할 수 있는 방법을 다양하게 생각하여 이야기해 봅시다.

어떤 문제가 생겼나요? 3가지의 해결 방법을 말해봅시다.
해결 방법 한 가지는 스스로 생각해 보세요.

물을 바닥에 쏟았어요.
어떻게 해야 할까요?

✏️ 다음 그림에 나타난 상황을 보고 어떤 문제가 발생하였는지 말해보세요. 그리고 상황을 해결할 수 있는 방법을 다양하게 생각하여 이야기해 봅시다.

어떤 문제가 생겼나요? 3가지의 해결 방법을 말해봅시다.
해결 방법 한 가지는 스스로 생각해 보세요.

**길에서 돈을 주웠어요.
어떻게 해야 할까요?**

?

✏️ 다음 그림에 나타난 상황을 보고 어떤 문제가 발생하였는지 말해보세요. 그리고
상황을 해결할 수 있는 방법을 다양하게 생각하여 이야기해 봅시다.

어떤 문제가 생겼나요? 3가지의 해결 방법을 말해봅시다.
해결 방법 한 가지는 스스로 생각해 보세요.

방에 벌레가 나타났어요.
어떻게 해야 할까요?

다음 그림에 나타난 상황을 보고 어떤 문제가 발생하였는지 말해보세요. 그리고 상황을 해결할 수 있는 방법을 다양하게 생각하여 이야기해 봅시다.

어떤 문제가 생겼나요? 3가지의 해결 방법을 말해봅시다.
해결 방법 한 가지는 스스로 생각해 보세요.

옷이 더러워 졌어요.
어떻게 해야 할까요?

다음 그림에 나타난 상황을 보고 어떤 문제가 발생하였는지 말해보세요. 그리고 상황을 해결할 수 있는 방법을 다양하게 생각하여 이야기해 봅시다.

어떤 문제가 생겼나요? 3가지의 해결 방법을 말해봅시다.
해결 방법 한 가지는 스스로 생각해 보세요.

친구와 싸웠어요.
화해하고 싶으면 어떻게 해야 할까요?

?

다음 그림에 나타난 상황을 보고 어떤 문제가 발생하였는지 말해보세요. 그리고 상황을 해결할 수 있는 방법을 다양하게 생각하여 이야기해 봅시다.

어떤 문제가 생겼나요? 3가지의 해결 방법을 말해봅시다.
해결 방법 한 가지는 스스로 생각해 보세요.

너무 더워요.
어떻게 해야 할까요?

다음 그림에 나타난 상황을 보고 어떤 문제가 발생하였는지 말해보세요. 그리고 상황을 해결할 수 있는 방법을 다양하게 생각하여 이야기해 봅시다.

어떤 문제가 생겼나요? 3가지의 해결 방법을 말해봅시다.
해결 방법 한 가지는 스스로 생각해 보세요.

너무 추워요.
어떻게 해야 할까요?

✏️ 다음 그림에 나타난 상황을 보고 어떤 문제가 발생하였는지 말해보세요. 그리고
상황을 해결할 수 있는 방법을 다양하게 생각하여 이야기해 봅시다.

어떤 문제가 생겼나요? 3가지의 해결 방법을 말해봅시다.
해결 방법 한 가지는 스스로 생각해 보세요.

비가 오는데 우산을 가져오지 않았어요.
어떻게 해야 할까요?

다음 그림에 나타난 상황을 보고 어떤 문제가 발생하였는지 말해보세요. 그리고
상황을 해결할 수 있는 방법을 다양하게 생각하여 이야기해 봅시다.

어떤 문제가 생겼나요? 3가지의 해결 방법을 말해봅시다.
해결 방법 한 가지는 스스로 생각해 보세요.

친구가 나를 불편하게 해요.
어떻게 해야 할까요?

얘기해요

도망가요

선생님

?

 다음 제시된 사진을 보며 물음에 답해보세요.

1 누가 있나요?

2 여기는 어디인가요?

3 무엇을 하고 있나요?

4 친구들은 왜 철봉에 매달려 있을까요?

5 앞으로 어떤 일이 벌어질까요?

▶ 단어의 뜻을 말해봅시다 매달려요, 놀이터, 철봉, 대결해요

다음 제시된 사진을 보며 물음에 답해보세요.

1 누가 있나요?

2 여기는 어디인가요?

3 무엇을 하고 있나요?

4 친구들은 왜 숟가락을 사용할까요?

5 앞으로 어떤 일이 벌어질까요?

▶ 단어의 뜻을 말해봅시다 요리해요, 발라요, 소스, 재료, 부엌, 식탁, 그릇, 반죽

✏️ 다음 제시된 사진을 보며 물음에 답해보세요.

1 누가 있나요?

2 여기는 어디인가요?

3 무엇을 하고 있나요?

4 친구는 왜 소매를 걷었을까요?

5 앞으로 어떤 일이 벌어질까요?

▶ **단어의 뜻을 말해봅시다** 설거지해요, 수세미, 세제, 수돗물, 싱크대, 부엌, 소매, 걷어요

다음 제시된 사진을 보며 물음에 답해보세요.

1 여기는 어디인가요?

2 무엇을 하고 있나요?

3 친구는 왜 집안에서 하지 않고, 놀이터로 나왔을까요?

4 앞으로 어떤 일이 벌어질까요?

5 비눗방울처럼 거품이 나는 것을 떠올려봅시다.

▶ 단어의 뜻을 말해봅시다 비눗방울, 불어요, 날아가요, 놀이터, 미끄럼틀, 미끌미끌해요

✏️ 다음 제시된 사진을 보며 물음에 답해보세요.

1 여기는 어디인가요?

2 무엇을 하고 있나요?

3 지금은 무슨 계절일까요?

4 여자친구는 왜 눈을 감고 있을까요?

5 앞으로 어떤 일이 벌어질까요?

▶ 단어의 뜻을 말해봅시다 수영, 수돗가, 물놀이, 물총, 수영복, 쏴요, 시원해요, 즐거워요

다음 제시된 사진을 보며 물음에 답해보세요.

1 여기는 어디인가요?

2 무엇을 하고 있나요?

3 친구의 옷은 왜 더러워졌을까요?

4 친구는 지금 어떤 느낌이 들까요?

5 앞으로 어떤 일이 벌어질까요?

▶ 단어의 뜻을 말해봅시다 모래사장, 진흙, 지저분해요, 까끌까끌해요

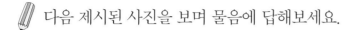 다음 제시된 사진을 보며 물음에 답해보세요.

1 여기는 어디인가요?

2 무엇을 하고 있나요?

3 염소는 왜 머리를 내밀고 있을까요?

4 앞으로 어떤 일이 벌어질까요?

5 염소와 공통점을 가진 동물을 떠올려봅시다.

▶ 단어의 뜻을 말해봅시다 염소, 먹이, 바구니, 지푸라기, 먹어요, 뿔, 내밀어요, 목장

✐ 다음 제시된 사진을 보며 물음에 답해보세요.

1 여기는 어디인가요?

2 무엇을 하고 있나요?

3 친구는 왜 장난감 박스를 들고 있을까요?

4 앞으로 어떤 일이 벌어질까요?

5 우리는 언제 선물을 받을 수 있나요?

▶ 단어의 뜻을 말해봅시다 장난감, 들어요, 골라요, 사요, 마트

 다음 제시된 사진을 보며 물음에 답해보세요.

1 여기는 어디인가요?

2 무엇을 하고 있나요?

3 딸기는 무슨 계절에 먹을 수 있나요?

4 친구는 왜 딸기를 따고 있을까요?

5 앞으로 어떤 일이 벌어질까요?

▶ 단어의 뜻을 말해봅시다 딸기, 따요, 농장, 비닐하우스, 담아요, 새콤달콤해요

다음 제시된 사진을 보며 물음에 답해보세요.

1 여기는 어디인가요?

2 무엇을 하고 있나요?

3 옆에 서 있는 아저씨는 왜 말을 잡고 있을까요?

4 말을 탄 친구는 어떤 기분일까요?

5 앞으로 어떤 일이 벌어질까요?

▶ 단어의 뜻을 말해봅시다 말, 타요, 승마, 승마장, 안장, 발굽, 갈기, 끌다

✏ 다음 제시된 사진을 보며 물음에 답해보세요.

1 여기는 어디인가요?

2 무엇을 하고 있나요?

3 친구가 왜 거꾸로 앉으면 안될까요?

4 앞으로 어떤 일이 벌어질까요?

5 공공장소에서 지켜야 하는 약속은 무엇이 있을까요?

▶ 단어의 뜻을 말해봅시다 버스, 타요, 앉아요, 위험해요, 손잡이, 잡아요

✎ 다음 제시된 사진을 보며 물음에 답해보세요.

1 누가 있나요?

2 여기는 어디인가요?

3 무엇을 하고 있나요?

4 친구는 왜 손을 대고 있을까요?

5 앞으로 어떤 일이 벌어질까요?

▶ 단어의 뜻을 말해봅시다 도자기, 빚어요, 구워요, 만들어요, 집중해요, 배워요, 공방

 다음 제시된 사진을 보며 물음에 답해보세요.

1 여기는 어디인가요?

2 무엇을 하고 있나요?

3 친구는 왜 한복을 입고 있을까요?

4 앞으로 어떤 일이 벌어질까요?

5 우리는 언제 절을 하나요?

▶ 단어의 뜻을 말해봅시다 절, 엎드려요, 숙여요, 한복, 병풍, 카페트, 방석, 예절

전과 후 (Before & After)

✏️ 다음 사진을 보고 전과 후에 어떤 일이 있었을지 상상하며 그림을 그려봅시다.
내가 상상한대로 이야기를 이어 말해보아요.

상상한대로 그려보아요.

Before

After

상상한대로 그려보아요.

다음 사진을 보고 전과 후에 어떤 일이 있었을지 상상하며 그림을 그려봅시다. 내가 상상한대로 이야기를 이어 말해보아요.

상상한대로 그려보아요.

Before

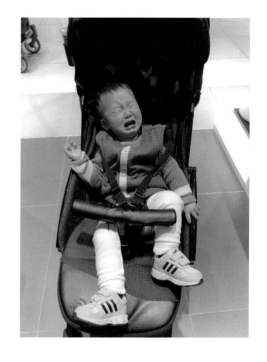

After

상상한대로 그려보아요.

✏️ 다음 사진을 보고 전과 후에 어떤 일이 있었을지 상상하며 그림을 그려봅시다. 내가 상상한대로 이야기를 이어 말해보아요.

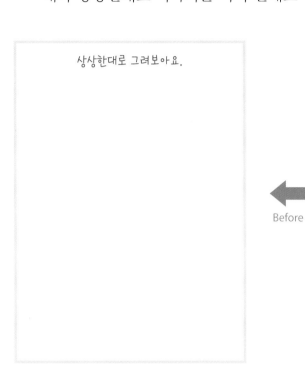

상상한대로 그려보아요.

Before

After

상상한대로 그려보아요.

다음 사진을 보고 전과 후에 어떤 일이 있었을지 상상하며 그림을 그려봅시다. 내가 상상한대로 이야기를 이어 말해보아요.

상상한대로 그려보아요.

Before

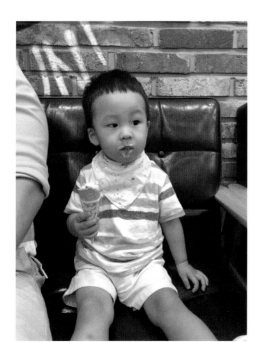

After

상상한대로 그려보아요.

✏️ 다음 사진을 보고 전과 후에 어떤 일이 있었을지 상상하며 그림을 그려봅시다.
내가 상상한대로 이야기를 이어 말해보아요.

상상한대로 그려보아요.

Before

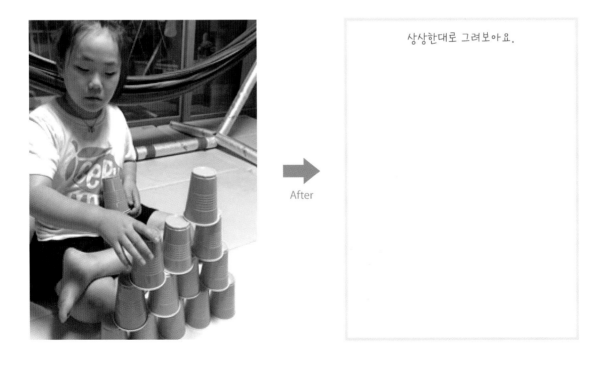

After

상상한대로 그려보아요.

✏️ 다음 사진을 보고 전과 후에 어떤 일이 있었을지 상상하며 그림을 그려봅시다.
내가 상상한대로 이야기를 이어 말해보아요.

상상한대로 그려보아요.

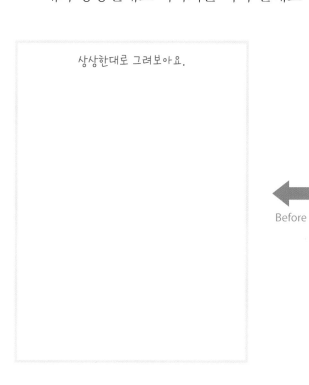

Before

After

상상한대로 그려보아요.

✐ 다음 사진을 보고 전과 후에 어떤 일이 있었을지 상상하며 그림을 그려봅시다.
내가 상상한대로 이야기를 이어 말해보아요.

상상한대로 그려보아요.

Before

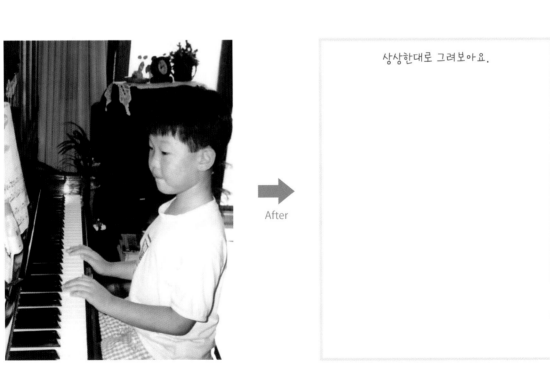

After

상상한대로 그려보아요.

✏️ 상자에 나와 있는 단어 중, 그림과 뜻이 연결되는 것을 골라 보세요. 그리고 무슨 뜻을 가진 단어인지 말해봅시다.

어지럽다	부드럽다	상쾌하다	무섭다	놀라다
끌다	내려가다	만지다	뚱뚱하다	먹다

✏️ 상자에 나와 있는 단어 중, 그림과 뜻이 연결되는 것을 골라 보세요. 그리고 무슨 뜻을 가진 단어인지 말해봅시다.

| 시끄럽다 | 넘치다 | 당황하다 | 기다리다 |
| 싱싱하다 | 우렁차다 | 짜증난다 | 피곤하다 |

상자에 나와 있는 단어 중, 그림과 뜻이 연결되는 것을 골라 보세요. 그리고 무슨 뜻을 가진 단어인지 말해봅시다.

낑낑거리다	기웃거리다	늘어놓다	붐비다
큼직하다	창피하다	버리다	두드리다

상자에 나와 있는 단어 중, 그림과 뜻이 연결되는 것을 골라 보세요. 그리고 무슨 뜻을 가진 단어인지 말해봅시다.

홀쭉하다	시원하다	깔깔거리다	부럽다
붐비다	징그럽다	두드리다	목마르다
기대하다	초조하다	닦다	가라앉다

대상 분석하기

🖊 동그라미 안에 있는 사물을 보고, 관련지어 생각할 수 있는 특징에 대해 이야기해 봅시다.

무엇으로 자르지?

재료

언제 먹지?
누가 좋아해?

무엇을 발라먹지?

어디서 팔지?

어떻게 굽지?

동그라미 안에 제시된 대상물을 보고, 관련지어 생각할 수 있는 특징으로 알맞은 그림을 **부록 2**에서 골라 네모 칸에 붙여보세요.

관련 그림을
붙여주세요.

관련 그림을
붙여주세요.

관련 그림을
붙여주세요.

관련 그림을
붙여주세요.

관련 그림을
붙여주세요.

관련 그림을
붙여주세요.

동그라미 안에 있는 사물을 보고, 관련지어 생각할 수 있는 특징에 대해 이야기해 봅시다.

동그라미 안에 제시된 대상물을 보고, 관련지어 생각할 수 있는 특징으로 알맞은 그림을 **부록 2**에서 골라 네모 칸에 붙여보세요.

관련 그림을
붙여주세요.

관련 그림을
붙여주세요.

관련 그림을
붙여주세요.

관련 그림을
붙여주세요.

관련 그림을
붙여주세요.

관련 그림을
붙여주세요.

동그라미 안에 있는 사물을 보고, 관련지어 생각할 수 있는 특징에 대해 이야기 해 봅시다.

✎ 동그라미 안에 제시된 대상물을 보고, 관련지어 생각할 수 있는 특징으로 알맞은 그림을 **부록 2**에서 골라 네모 칸에 붙여보세요.

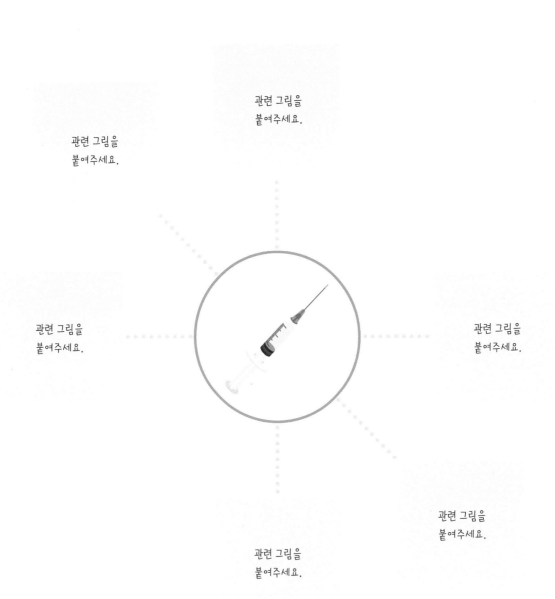

관련 그림을
붙여주세요.

관련 그림을
붙여주세요.

관련 그림을
붙여주세요.

관련 그림을
붙여주세요.

관련 그림을
붙여주세요.

관련 그림을
붙여주세요.

동그라미 안에 있는 사물을 보고, 관련지어 생각할 수 있는 특징에 대해 이야기해 봅시다.

동그라미 안에 제시된 대상물을 보고, 관련지어 생각할 수 있는 특징으로 알맞은 그림을 **부록 2**에서 골라 네모 칸에 붙여보세요.

관련 그림을
붙여주세요.

관련 그림을
붙여주세요.

관련 그림을
붙여주세요.

관련 그림을
붙여주세요.

관련 그림을
붙여주세요.

관련 그림을
붙여주세요.

동그라미 안에 있는 사물을 보고, 관련지어 생각할 수 있는 특징에 대해 이야기 해 봅시다.

동그라미 안에 제시된 대상물을 보고, 관련지어 생각할 수 있는 특징으로 알맞은 그림을 **부록 2**에서 골라 네모 칸에 붙여보세요.

관련 그림을
붙여주세요.

관련 그림을
붙여주세요.

관련 그림을
붙여주세요.

관련 그림을
붙여주세요.

관련 그림을
붙여주세요.

관련 그림을
붙여주세요.

동그라미 안에 있는 사물을 보고, 관련지어 생각할 수 있는 특징에 대해 이야기해 봅시다.

동그라미 안에 제시된 대상물을 보고, 관련지어 생각할 수 있는 특징으로 알맞은 그림을 **부록 2**에서 골라 네모 칸에 붙여보세요.

관련 그림을
붙여주세요.

관련 그림을
붙여주세요.

관련 그림을
붙여주세요.

관련 그림을
붙여주세요.

관련 그림을
붙여주세요.

관련 그림을
붙여주세요.

다음 제시된 표를 활용하여 자유롭게 특정 대상을 선정하여 동그라미에 붙여봅시다. 그리고 대상에 대해 관련지어 생각할 수 있는 특징이나 개념으로 알맞은 그림들을 모아 네모 칸에 붙인 뒤, 설명해보아요. **(부록 2)**

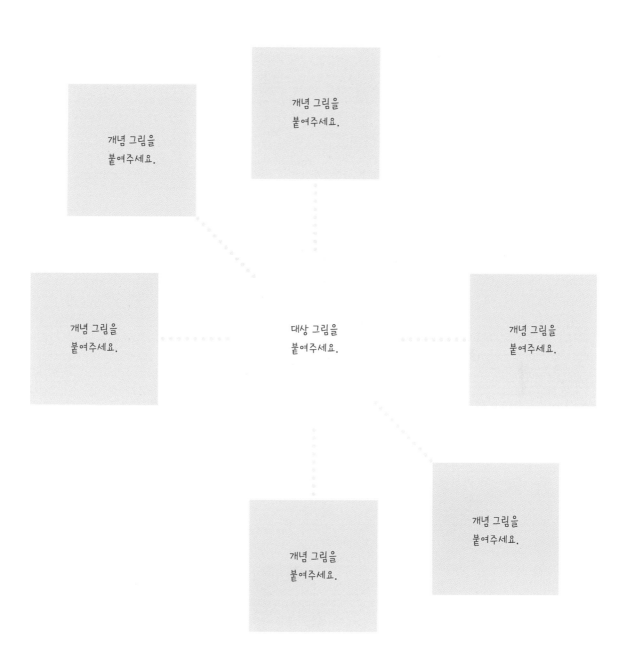

여러 가지 맛에 대해 알아보고, 다양한 맛을 내는 음식과 재료들에 대해서도 배워봅시다. 이 음식을 먹어본 경험을 생각하며 이야기도 해보세요.

시다

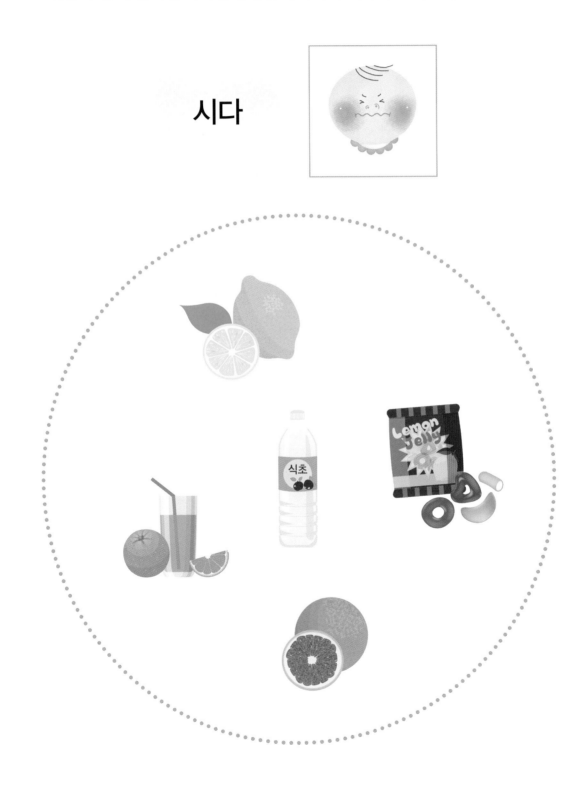

여러 가지 맛에 대해 알아보고, 다양한 맛을 내는 음식과 재료들에 대해서도 배워봅시다. 이 음식을 먹어본 경험을 생각하며 이야기도 해보세요.

달다

여러 가지 맛에 대해 알아보고, 다양한 맛을 내는 음식과 재료들에 대해서도 배워봅시다. 이 음식을 먹어본 경험을 생각하며 이야기도 해보세요.

맵다

여러 가지 맛에 대해 알아보고, 다양한 맛을 내는 음식과 재료들에 대해서도 배워봅시다. 이 음식을 먹어본 경험을 생각하며 이야기도 해보세요.

짜다

여러 가지 맛에 대해 알아보고, 다양한 맛을 내는 음식과 재료들에 대해서도 배워봅시다. 이 음식을 먹어본 경험을 생각하며 이야기도 해보세요.

쓰다

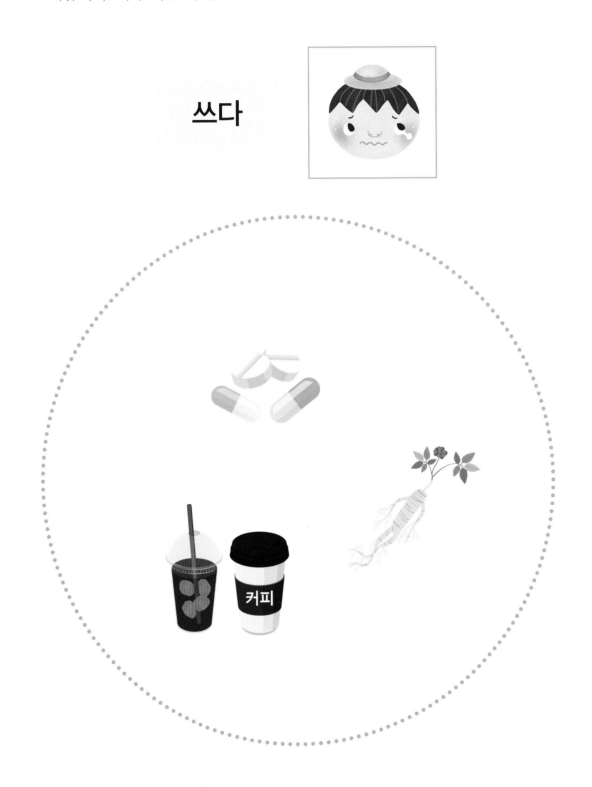

여러 가지 맛에 대해 알아보고, 다양한 맛을 내는 음식과 재료들에 대해서도 배워봅시다. 이 음식을 먹어본 경험을 생각하며 이야기도 해보세요.

느끼
하다

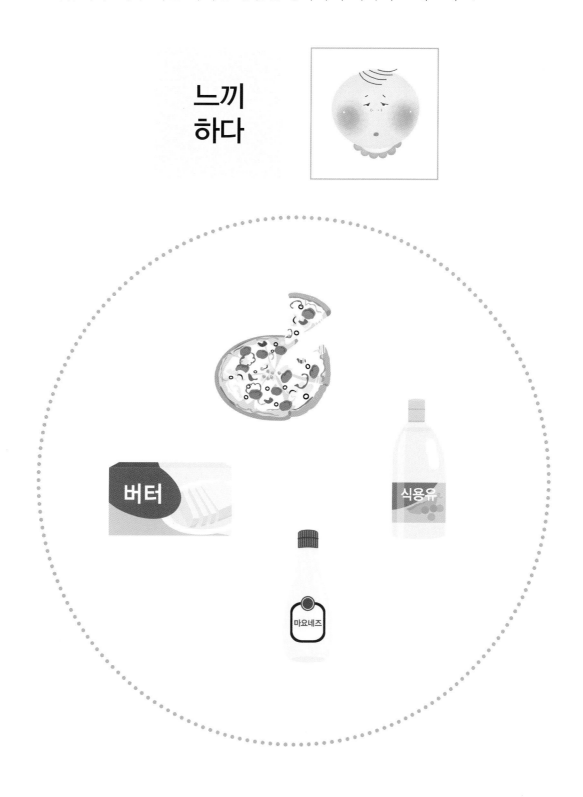

여러 가지 맛에 대해 알아보고, 다양한 맛을 내는 음식과 재료들에 대해서도 배워봅시다. 이 음식을 먹어본 경험을 생각하며 이야기도 해보세요.

고소
하다

✏️ **부록 3**에 제시된 재료와 음식들이 내는 맛을 생각하여 적절한 곳에 붙여보세요.

고소
하다

짜다

달다

맵다

부록 3에 제시된 재료와 음식들이 내는 맛을 생각하여 적절한 곳에 붙여보세요.

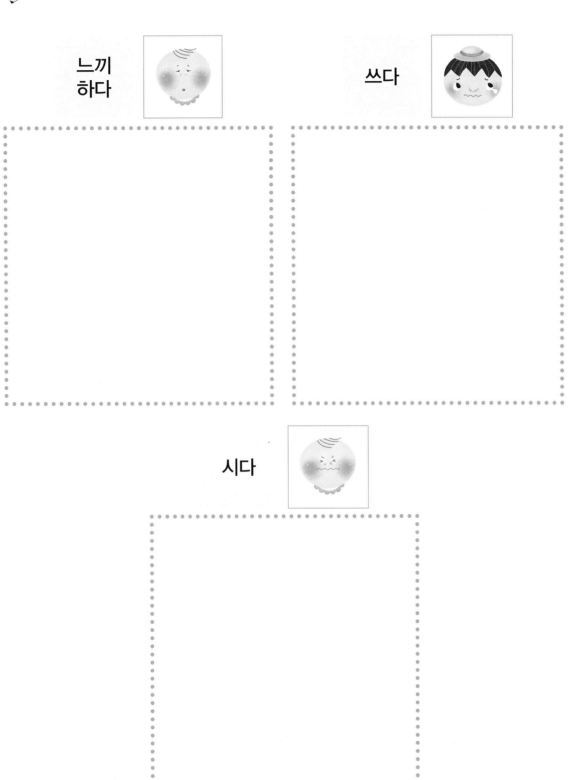

장을 보러 가요

✏️ **부록 4**에서 여러 가지 맛과 관련된 표정 그림을 찾아 네모 칸에 붙이세요. 그리고
표정 그림에 알맞은 맛을 가진 음식을 **부록 3**에서 찾아 카트에 담아보세요.

<부록 4>에서
'맛' 글자 카드를
골라 붙여주세요.

<부록 4>에서
'맛' 표정 카드를
골라 붙여주세요.

✏️ **부록 4**에서 여러 가지 맛과 관련된 표정 그림을 찾아 네모 칸에 붙이세요. 그리고 표정 그림에 알맞은 맛을 가진 음식을 **부록 3**에서 찾아 장바구니에 담아보세요.

<부록 4>에서
'맛' 표정 카드를
골라 붙여주세요.

<부록 4>에서
'맛' 표정 카드를
골라 붙여주세요.

마트 진열대 정리하기

마트 진열대에 물건을 알맞게 배치하여 정리해야 합니다. **부록 5**에 있는 다양한 물건들을 분류해서 각종 코너마다 붙여봅시다.

과일코너

과자코너

양념/소스코너

채소코너

▶ Tip!
- '맛' 관련 활동과 함께 진행해보세요. 여러 가지 식품 그림을 붙이면서 '맛 표정 그림'을 이용해 해당 식품의 맛과 향이 어떠한지 이야기 나누어 봅시다.
- 인형을 이용하여 아이와 마트 역할 놀이를 하면서 진행해보아도 재미있답니다.

수산코너

일반식품코너

냉동/냉장식품코너

축산코너

설명하기

다음에 나와 있는 단어카드를 섞어서 각각 똑같은 개수로 나눠 가지세요. 그런 후, 한 사람이 카드를 뽑아 들고 있으면, 나머지 사람들이 그 카드에 나와 있는 사물이 무엇인지 질문을 하여 맞추는 게임이에요. 정답을 맞힌 사람이 그 카드를 갖게 되고, 카드를 제일 많이 갖은 사람이 이기게 됩니다. (**부록 6**에 있는 단어 카드를 활용하세요!)

★ 예시 ★

나비

● 동물입니까?

아닙니다. 곤충입니다. ●

● 풀 위를 뛰어다닙니까?

아닙니다. 날아다닙니다. ●

● 꼬리에 침이 있습니까?

아니오, 없습니다. ●

● 더듬이가 있습니까?

예, 있습니다. ●

● 정답! 잠자리

땡! 틀렸습니다. ●

● 날개에 무늬가 있습니까?

네, 무늬가 거의 없는 것도 있고,
화려한 무늬가 있는 것도 있습니다. ●

● 정답! 나비

정답입니다! ●

연관된 낱말 찾기

 어울리는 낱말들끼리 연결해 보세요.

★─────★─────★─────★──── 예시 ★────★─────★─────★─────★

해	구름	물	불
넘친다	활활 탄다	떠간다	내리쬔다

소리	학생	비	애기
등교한다	내린다	울린다	운다

약속	행복	맷돌	케이블카
웃는다	갈다	지킨다	탄다

불꽃놀이	자동차	생일	신문
초대한다	읽는다	고친다	터진다

수도꼭지	종이	대문	커텐
연다	걷는다	구긴다	샌다

어울리는 낱말들끼리 연결해 보세요.

에스컬레이터	종	문	물
흐른다	내려간다	닫힌다	울린다

램프	주머니	종이	장화
넣는다	찢는다	켜다	신는다

거울	장갑	소리	목도리
본다	듣는다	두른다	낀다

거미줄	페인트	지우개	철사
지운다	구부린다	친다	칠한다

낫	삽	가위	국자
파다	베다	뜨다	자르다

북	기타	리코더	라디오
치다	불다	두드리다	튼다

🖊 어울리는 낱말들끼리 연결해 보세요.

길	거지	이불	붕대
감다	넓힌다	개다	가난하다

다리	등	액자	머리
구부리다	건너다	긁다	걸다

애기	껍질	발톱	나뭇가지
까다	깎다	기다	꺾다

머리핀	리어카	구슬	알
끌다	꽂다	꿰다	낳다

쓰레기	뜀틀	빨래	아이스크림
넘다	냄새나다	널다	녹다

초인종	밤송이	땀	뚜껑
따갑다	누르다	닦다	덮다

세는 단위

✏️ 그림을 보고 어떻게 세야 하는지 상자 안에서 맞는 단어를 골라 적어 보세요.

마리 개 대 권 켤레 장 자루 그릇

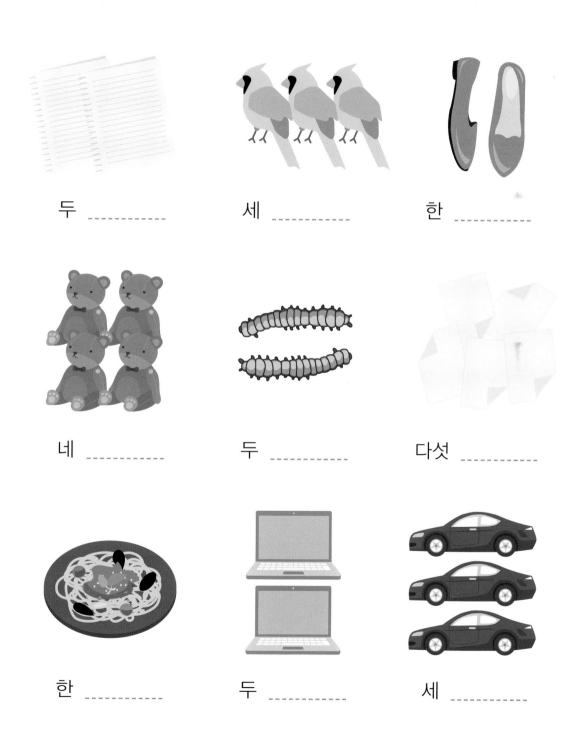

두 _____

세 _____

한 _____

네 _____

두 _____

다섯 _____

한 _____

두 _____

세 _____

✏️ 그림을 보고 어떻게 세야 하는지 상자 안에서 맞는 단어를 골라 적어 보세요.

벌 개 컵 스푼 마리 채 대 포기 그루 켤레 자루

한 _____

두 _____

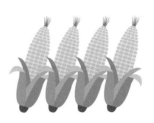
네 _____

세 _____

두 _____

한 _____

다섯 _____

한 _____

네 _____

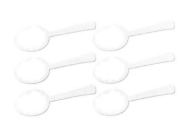
여섯 _____

두 _____

세 _____

✏ 물건을 살 때 어떻게 물어볼까요? 빈칸에 알맞은 말을 써 보세요.

● 아줌마, 크레파스 있어요?

응, 그래, 12가지 색깔도 있고
24가지 색깔도 있어. ●

● 12가지 색은 얼마예요?

응, 이천 원이야. ●

● 12가지 색 주세요.
여기 이천 원이요.

여기 있다. ●

● 감사합니다. 안녕히 계세요.

★─ ★ ─★ ─★ ─★ 예시 ★ ─★ ─★ ─★ ─★

 연필 세 _자루_ 는 얼마예요?

 스케치북 두 _____은 얼마예요?

 신발 한 _____는 얼마예요?

 아파트 한 _____가 얼마예요?

물건을 살 때 어떻게 물어볼까요? 빈칸에 알맞은 말을 써 보세요.

자동차 한 _____는 얼마예요?

배추 네 _____는 얼마예요?

티셔츠 다섯 _____은 얼마예요?

책 세 _____은 얼마예요?

축구공 한 _____는 얼마예요?

상황에 맞는 말

✏️ 다음 제시된 상황에서 알맞는 표현을 생각하여 쓴 후, 말해보세요

예시

할머니 생신을 축하드릴 때

할머니, 생신을 축하드려요. 항상 건강하시고, 오래오래 사세요.

1 친구에게 전화를 걸어 내일 놀이공원에 가기로 약속할 때

----

2 아빠 회사에 전화를 걸 때

----

3 중국집에 전화를 걸어 음식을 시킬 때

----

4 잘못 걸려온 전화일 때

----

5 입원한 친구에게 전화를 걸었을 때

6 오늘 하루를 어떻게 보냈냐는 질문을 받았을 때

7 선생님이 나중에 커서 무엇이 되고 싶냐고 물어봤을 때

8 길을 잃어버린 울고 있는 어린 아이를 발견했을 때

9 내가 정말 아끼는 물건을 친구가 가지고 싶어할 때

10 멀리 이사간 친구와 통화하게 되었을 때

사회 관계 속에서 생각 키우기

✎ 어떤 상황이 벌어지고 있나요? 그림을 잘 살펴본 후, 색깔 곰돌이들의 물음에 대해 이야기 나누어 봅시다.

친구와 이야기할 때 너무 얼굴을 가까이 들이대요.

▶ 퍼스널 스페이스(personal space)

'심리적으로 편안함을 느끼는 타인과의 거리'에 대해 아동에게 알려주세요.

✏️ 어떤 상황이 벌어지고 있나요? 그림을 잘 살펴본 후, 색깔 곰돌이들의 물음에 대해 이야기 나누어 봅시다.

친구들이 다같이 있는 곳에서 더러운 행동을 해요.

✏️ 어떤 상황이 벌어지고 있나요? 그림을 잘 살펴본 후, 색깔 곰돌이들의 물음에 대해 이야기 나누어 봅시다.

아무도 못 놀게 놀이를 방해하고 있어요.

무슨 일이 일어났어?

친구의 기분은 어떤 것 같아?

친구의 기분이 왜 그럴까?

어떻게 해야 될까?

✏️ 어떤 상황이 벌어지고 있나요? 그림을 잘 살펴본 후, 색깔 곰돌이들의 물음에 대해 이야기 나누어 봅시다.

모든 친구들이 선생님의 이야기를 듣고 있을 때, 혼자 일어나서 돌아다녀요.

무슨 일이 일어났어?

친구의 기분은 어떤 것 같아?

친구의 기분이 왜 그럴까?

어떻게 해야 될까?

✐ 어떤 상황이 벌어지고 있나요? 그림을 잘 살펴본 후, 색깔 곰돌이들의 물음에
대해 이야기 나누어 봅시다.

상황에 맞지 않는 옷을 혼자만 입고 있어요.

✏️ 어떤 상황이 벌어지고 있나요? 그림을 잘 살펴본 후, 색깔 곰돌이들의 물음에
대해 이야기 나누어 봅시다.

친구의 물건을 허락도 안 받고 막 가져가요.

어떤 상황이 벌어지고 있나요? 그림을 잘 살펴본 후, 색깔 곰돌이들의 물음에 대해 이야기 나누어 봅시다.

음식을 너무 지저분하게 먹어요.

무슨 일이 일어났어?

친구의 기분은 어떤 것 같아?

친구의 기분이 왜 그럴까?

어떻게 해야 될까?

어떤 상황이 벌어지고 있나요? 그림을 잘 살펴본 후, 색깔 곰돌이들의 물음에 대해 이야기 나누어 봅시다.

위험한 장난을 쳐요.

무슨 일이 일어났어?

친구의 기분은 어떤 것 같아?

친구의 기분이 왜 그럴까?

어떻게 해야 될까?

어떤 상황이 벌어지고 있나요? 그림을 잘 살펴본 후, 색깔 곰돌이들의 물음에 대해 이야기 나누어 봅시다.

심하게 떼쓰면서 울어요.

어떤 상황이 벌어지고 있나요? 그림을 잘 살펴본 후, 색깔 곰돌이들의 물음에 대해 이야기 나누어 봅시다.

마트에서 계산하지 않은 물건을 그냥 가져가요.

수사

✏️ 우리말에는 양이나 순서를 나타낼 때 쓰는 단어가 있습니다. 그것을 '수사'라고 합니다. '수사'에는 어떤 것들이 있는지 배워봅시다.

종류	구분	예
양을 나타내는 수사	한국어	하나, 둘, 셋, 넷, 다섯, 여섯, ……, 스물
	한자어	일, 이, 삼, 사, 오, 육, ……, 이십
순서를 나타내는 수사	한국어	첫째, 둘째, 셋째, 넷째, 다섯째, 여섯째, ……, 스무 번째
	한자어	제일, 제이, 제삼, 제사, 제오, 제육, ……, 제이십

양을 나타내는 수사

1	2	3	4	5	6	7	8	9	10
▽	▽	▽	▽	▽	▽	▽	▽	▽	▽
하나	둘	셋	넷	다섯	여섯	일곱	여덟	아홉	열

10	20	30	40	50	60	70	80	90	100
▽	▽	▽	▽	▽	▽	▽	▽	▽	▽
열	스물	서른	마흔	쉰	예순	일흔	여든	아흔	백

수량을 표현할 때 쓰는 줄임 표현을 배워봅시다.

1~2개	한두 개	2~3개	두세 개	3~4개	서너 개
5~6개	대여섯 개	7~8개		일고여덟 개	

순서를 나타내는 수사

1	2	3	4	5	6	7	8	9	10
▼	▼	▼	▼	▼	▼	▼	▼	▼	▼
일	이	삼	사	오	육	칠	팔	구	십

10	20	30	40	50	60	70	80	90	100
▼	▼	▼	▼	▼	▼	▼	▼	▼	▼
십	이십	삼십	사십	오십	육십	칠십	팔십	구십	백

다음의 아라비아 숫자를 한국어 수사와 한자어 수사로 바꿔 써 보세요.

	한국어 수사	한자어 수사
15 ▶	열다섯	십오
46 ▶		
59 ▶		
82 ▶		
74 ▶		
91 ▶		
100 ▶		

아라비아 숫자는 한국어 수사로, 한국어 수사는 아라비아 숫자로 써 보세요.

1 1 (_____)   56 (_____)

12 (_____)   67 (_____)

23 (_____)   78 (_____)

34 (_____)   45 (_____)

151

2 큰 누나가 **22**(_____)살이고, 작은 누나가 **20**(_____)살이고,

형이 **18**(_____)살이다.

3 아버지는 **47**(_____)살이시고, 어머니는 **39**(_____)살이십니다.

4 학교 수업은 오전 **8**(_____)시 반에 시작해서

오후 **2**(_____)시면 끝납니다.

5 아저씨, 편지 봉투 **10**(_____)장하고, 공책 **5**(_____)권, 그리고

연필 **12**(_____)자루, 그리고 색종이 **17**(_____)장 주세요.

6 학교에서 **11**(_____)시간, 집에서 **2**(_____)시간,

모두 **17**(_____)시간이나 공부했습니다.

7 이 나무의 나이는 **스물두**(_____)살이다.

8 나는 과자를 **네**(_____)개나 먹었다.

9 할머니 연세는 **여든두**(_____)살이세요.

10 배 **한두**(_____)개 하고 사과 **대여섯**(_____)개 가져오세요.

✏️ 아라비아 숫자는 한자어 수사로, 한자어 수사는 아라비아 숫자로 써 보세요.

1　1 (_____일_____)　　　　12 (_____)

　　10 (_____)　　　　34 (_____)

　　100 (_____)　　　56 (_____)

2　내 생일은 1 (_____)월 27 (_____)일이다.

3　8 (_____)월 15 (_____)일은 광복절이다.

4　이 사탕은 150 (_____)원이다.

5　나는 그 책을 46 (_____)쪽까지밖에 못 읽었다.

6　학교 앞에서 엄마를 30 (_____)분이나 기다렸다.

7　떡볶이 이 (_____)인분하고 김밥 삼 (_____)인분 주세요.

8　가게 아줌마가 천 (_____)원짜리 음료수를 칠 (_____)백 원에 주었다.

9　여기로 이사 온 지 십삼 (_____)년 되었다.

10　학교에서 내 번호는 17 (_____)번이다.

153

✎ 다음 문장을 읽고 수사를 틀리게 사용한 부분을 찾아 동그라미를 치세요.

1 나는 빵집에 가서 우유 이 개랑 크림빵 세 개를 샀다.

2 엄마, 코끼리열차 일 번만 더 태워주세요.

3 오늘 체육시간에 줄넘기를 하였다. 나는 팔 번밖에 넘지 못했다.

4 창희야, 문방구에 가서 검정색 볼펜 세 자루와 지우개 오 개, 노란색 도화지 열여덟 장,
   그리고 스카치테이프 육 개만 사오렴.

5 저의 나이는 일곱 살이고, 제 동생의 나이는 사 살입니다.

6 나는 텔레비전을 볼 때 십삼 번 채널인 교육방송을 많이 봐요. 엄마는 구 번과 열한 번
   채널을 자주 보세요. 드라마를 좋아하시거든요.

7 우리 집은 화장실 일 개, 안방이 일 개, 그리고 공부방과 거실이 각각 일 개씩 있다.

8 우리 할머니 연세는 육십여섯 세이십니다.

9 우리 아빠 연세는 마흔사 살이십니다.

10 우리 엄마 핸드폰 번호는 공일공구넷팔둘오이셋사 번이야.

🖉 빈칸에 알맞은 수사를 넣어 보세요.

1 나는 **1**(_____)주일에 **5**(_____)번 학교에 간다.

2 이번 여행은 **2**(_____)개월 걸린다.

3 친구들이랑 **5**(_____)시 **30**(_____)분에 만나기로 했다.

4 **7**(_____)살이면 초등학교에 갈 수 있다.

5 **4**(_____)달 전에 제주도에 놀러 갔었다.

6 몸이 아파서 **3**(_____)일 동안 학교에 가지 못했다.

7 **5**(_____)월 **15**(_____)일은 어린이날이다.

8 이것은 **1**(_____)권에 **500**(_____)원입니다.

9 우리 아파트는 저기 끝에서 오른쪽으로 **1**(_____)번째 집이다.

10 이 핸드폰은 **2**(_____)년 정도 썼더니, 고장이 자주 난다.

11 우리 집은 **3**(_____)형제야. 그중에서 내가 **1**(_____)째야.

문장 듣고 이해하기

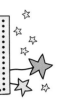

 다음 질문을 듣고 **부록 7**의 활동 그림 중 무엇을 가리키는 말인지 찾아보세요.

쉬운 질문 1

1 원숭이가 좋아하는 과일은?

2 밥 먹을 때 사용하는 도구는?

3 종이를 자를 때 필요한 것은?

4 코가 긴 동물은?

5 목소리를 크게 해주는 도구는?

6 하늘을 날아다니는 탈 것은?

7 편지를 보낼 때 가는 곳은?

8 물 속에서 살며 헤엄치는 것은?

9 눈이 나쁠 때 쓰는 것은?

10 감자를 튀겨서 만든 요리는?

11 불을 꺼주는 사람은?

12 비가 올 때 쓰는 것은?

✏️ 다음 질문을 듣고 **부록 7**의 활동 그림 중 무엇을 가리키는 말인지 찾아보세요.

쉬운 질문 2

1 칙칙폭폭 소리를 내며 가는 것은?

2 전화할 때 필요한 것은?

3 몸에 줄무늬가 있는 동물은?

4 물건을 넣어 어깨에 매고 다닐 수 있는 것은?

5 따르릉 소리를 내며 탈 수 있는 것은?

6 화장실에서 닦을 때 필요한 것은?

7 햇빛을 가릴 때 머리에 쓰는 것은?

8 보라색 알맹이가 많이 달린 과일은?

9 자동차에 기름을 넣으러 가는 곳은?

10 키가 크고, 해를 바라보며 사는 노란색 꽃은?

11 글씨쓸 때 필요한 것은?

12 떡이 들어간 매운 맛이 나는 음식은?

✏️ 다음 질문을 듣고 **부록 7**의 활동 그림 중 무엇을 가리키는 말인지 찾아보세요.

> **쉬운 질문 3**

1 국물을 뜰 때 필요한 주방도구는?

2 바닷 속 깊이 들어갈 때 타는 것은?

3 하늘에 뭉게뭉게 떠 있는 것은?

4 겉은 줄무늬지만 속은 빨갛고 씨앗이 많은 과일은?

5 몸이 아주 길어서 바닥에 기어다니는 것은?

6 차갑고 잘 녹는 간식은?

7 탈 것에 달려 굴러가는 동그란 것은?

8 폴짝폴짝 뛰며 개굴개굴 우는 것은?

9 주방에서 맛있는 요리를 해주는 일을 하는 분은?

10 음식을 차갑게 하기 위해 필요한 가전제품은?

11 앉을 때 필요한 것은?

12 아픈 사람을 치료해주는 분은?

다음 질문을 듣고 무엇에 대한 설명인지 정답을 말해봅시다.
아이에게 활동 그림판을 보여주지 마세요. 들은 설명을 바탕으로 스스로 생각해
볼 수 있도록 해주세요.

1 글씨쓸 때 필요한 것은?

2 음식을 차갑게 하기 위해 필요한 가전제품은?

3 보라색 알맹이가 많이 달린 과일은?

4 따르릉 소리를 내며 탈 수 있는 것은?

5 감자를 튀겨서 만든 요리는?

6 밥 먹을 때 사용하는 도구는?

7 하늘에 뭉게뭉게 떠 있는 것은?

8 목소리를 크게 해주는 도구는?

9 키가 크고, 해를 바라보며 사는 노란색 꽃은?

10 탈 것에 달려 굴러가는 동그란 것은?

11 눈이 나쁠 때 쓰는 것은?

12 물 속에서 살며 헤엄치는 것은?

✎ 다음 질문을 듣고 무엇에 대한 설명인지 정답을 말해봅시다.
아이에게 활동 그림판을 보여주지 마세요. 들은 설명을 바탕으로 스스로 생각해
볼 수 있도록 해주세요.

1 비가 올 때 쓰는 것은?

2 전화할 때 필요한 것은?

3 주방에서 맛있는 요리를 해주는 일을 하는 분은?

4 몸에 줄무늬가 있는 동물은?

5 몸이 아주 길어서 바닥에 기어다니는 것은?

6 떡이 들어간 매운 맛이 나는 음식은?

7 아픈 사람을 치료해주는 분은?

8 종이를 자를 때 필요한 것은?

9 햇빛을 가릴 때 머리에 쓰는 것은?

10 하늘을 날아다니는 탈 것은?

11 국물을 뜰 때 필요한 주방도구는?

12 차갑고 잘 녹는 간식은?

다음 질문을 듣고 무엇에 대한 설명인지 정답을 말해봅시다.
아이에게 활동 그림판을 보여주지 마세요. 들은 설명을 바탕으로 스스로 생각해
볼 수 있도록 해주세요.

1 앉을 때 필요한 것은?

2 편지를 보낼 때 가는 곳은?

3 칙칙폭폭 소리를 내며 가는 것은?

4 겉은 줄무늬지만 속은 빨갛고 씨앗이 많은 과일은?

5 원숭이가 좋아하는 과일은?

6 불을 꺼주는 사람은?

7 자동차에 기름을 넣으러 가는 곳은?

8 물건을 넣어 어깨에 매고 다닐 수 있는 것은?

9 폴짝폴짝 뛰며 개굴개굴 우는 것은?

10 화장실에서 닦을 때 필요한 것은?

11 코가 긴 동물은?

12 바닷 속 깊이 들어갈 때 타는 것은?

다음 질문을 듣고 **부록 7**의 활동 그림 중 무엇을 가리키는 말인지 찾아보세요.

어려운 질문 1

1 시력이 나빠져 검사를 받은 후 쓰는 것은?

2 몸이 젖지 않게 보호해주는 역할을 하는 것은?

3 아주 긴 신체부위를 가진 것은?

4 무대에서 사회자가 들고 있는 것은?

5 식용유에 재료를 튀겨서 만드는 요리는?

6 119를 통해 연결할 수 있는 것은?

7 여러 국가를 돌아다니는 것은?

8 우편물을 전달해주는 곳은?

9 어린이들이 많이 사용하는 식기는?

10 열대 지역에서 나오는 달콤한 것은?

11 도마와 짝꿍인 것은?

12 비늘과 아가미가 있는 것은?

✏️ 다음 질문을 듣고 **부록 7**의 활동 그림 중 무엇을 가리키는 말인지 찾아보세요.

어려운 질문 2

1 학용품 중 하나로 지우개와 짝꿍인 것은?

2 주유나 세차를 할 수 있는 곳은?

3 초원에 사는 초식 동물은?

4 여러 가지 정보를 제공해주는 기계는?

5 자외선을 차단해주는 것은?

6 페달을 밟으면 앞으로 나아가는 것은?

7 KTX나 SRT 같은 것들을 부르는 이름은?

8 일회용으로 닦을 때 사용할 수 있는 것은?

9 여러 가지 사물을 들고 이동할 때 사용하는 것은?

10 분식 중 하나로 순대를 찍어먹을 수 있는 것은?

11 씨앗을 품고 있는 식물은?

12 거봉과 비슷한 것은?

✏ 다음 질문을 듣고 **부록 7**의 활동 그림 중 무엇을 가리키는 말인지 찾아보세요.

어려운 질문 3

1 뒷다리가 자란 후 앞다리가 자라는 파충류는?

2 식당이나 레스토랑에서 일하는 사람은?

3 여름에 볼 수 있고 수분이 많은 것은?

4 가구는 무엇인가?

5 공기 중에 떠있는 것은?

6 우유나 설탕, 색소 등을 넣어 만든 디저트는?

7 정비소에 가서 교체할 수 있는 것은?

8 구렁이와 비슷한 것으로 독을 가지고 있는 것은?

9 심해를 관찰할 수 있는 것은?

10 진료나 수술을 하는 것은?

11 냄비와 짝꿍인 것은?

12 다른 것을 차갑게 하는 가전제품은?

✐ 제시된 그림이 없는 상황에서 다음의 질문을 듣고 무엇에 대한 설명인지 정답을 맞춰봅시다.

1 KTX나 SRT 같은 것들을 부르는 이름은? ············· ?

2 정비소에 가서 교체할 수 있고, 타이어가 있어 굴러가는 것은? ············· ?

3 뒷다리가 자란 후 앞다리가 자라는 파충류는? ············· ?

4 어린이들이 많이 사용하는 식기로, 무언가를 찍어 올릴 수 있는 것은? ············· ?

5 열대지역에서 나오는 것으로 달콤한 맛을 내고, 껍질을 까면 하얀 알맹이가 나오는 것은? ············· ?

6 분식 중 하나로 순대나 튀김을 찍어 먹을 수 있는 것은? ············· ?

제시된 그림이 없는 상황에서 다음의 질문을 듣고 무엇에 대한 설명인지 정답을 맞춰봅시다.

1 여름에 먹을 수 있는 것으로 수분이 많고 겉과 속이 다른 것은? ‧‧‧‧‧‧‧‧‧‧ ?

2 신체에 쓸 수 있는 의복으로 자외선을 차단해주는 것은? ‧‧‧‧‧‧‧‧‧‧ ?

3 일회용으로 닦을 때 사용할 수 있는 것은? ‧‧‧‧‧‧‧‧‧‧ ?

4 무대에서 사회자가 들고 있는 것은? ‧‧‧‧‧‧‧‧‧‧ ?

5 119를 통해 연결할 수 있는 것은? ‧‧‧‧‧‧‧‧ ?

6 시력이 나빠져 검사를 받은 후 쓰는 것은? ‧‧‧‧‧‧‧‧‧‧ ?

제시된 그림이 없는 상황에서 다음의 질문을 듣고 무엇에 대한 설명인지 정답을 맞춰봅시다.

1 여러 가지 사물을 넣고 이동할 때 사용하는 것은? · · · · · · · · · · ?

2 학용품 중 하나로 지우개와 짝꿍인 것은? · · · · · · · · · · · ?

3 진료나 수술을 해주는 사람은? · · · · · · · · · · ?

4 페달을 밟으면 앞으로 나아가는 것은? · · · · · · · · · · · ?

5 날씨가 흐릴 때, 몸이 젖지 않게 보호해주는 역
   할을 하는 것은? · · · · · · · · · · ?

6 우편물을 전달해주는 곳은? · · · · · · · · · · · ?

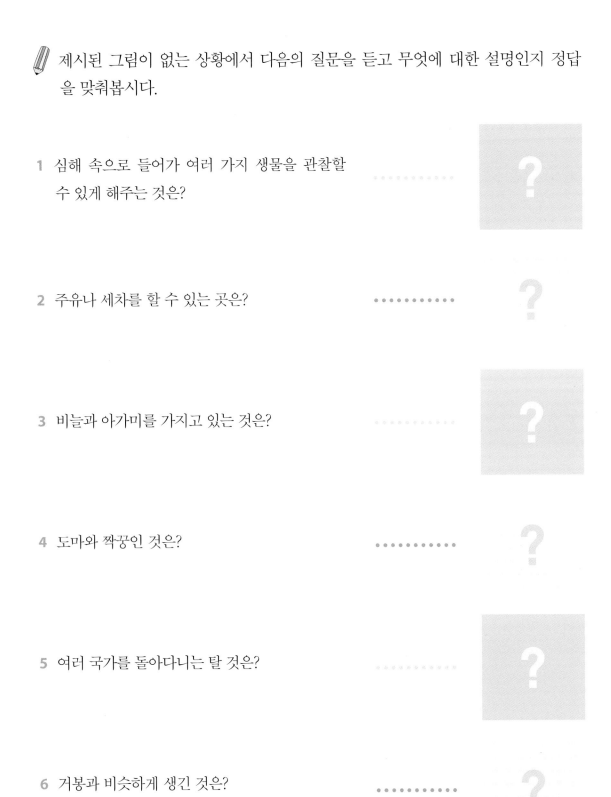

제시된 그림이 없는 상황에서 다음의 질문을 듣고 무엇에 대한 설명인지 정답을 맞춰봅시다.

1 심해 속으로 들어가 여러 가지 생물을 관찰할 수 있게 해주는 것은? ·········· ?

2 주유나 세차를 할 수 있는 곳은? ·········· ?

3 비늘과 아가미를 가지고 있는 것은? ·········· ?

4 도마와 짝꿍인 것은? ·········· ?

5 여러 국가를 돌아다니는 탈 것은? ·········· ?

6 거봉과 비슷하게 생긴 것은? ·········· ?

✏️ 다음 [보기]에 제시된 상황을 살펴보고, 앞으로 어떤 일이 일어날지 상상하며 이어질 그림을 순서대로 선택해봅시다. 선택한 그림에 맞게 이야기가 이어질 수 있도록 꾸며서 말해보세요.

★─ 예시 ─★

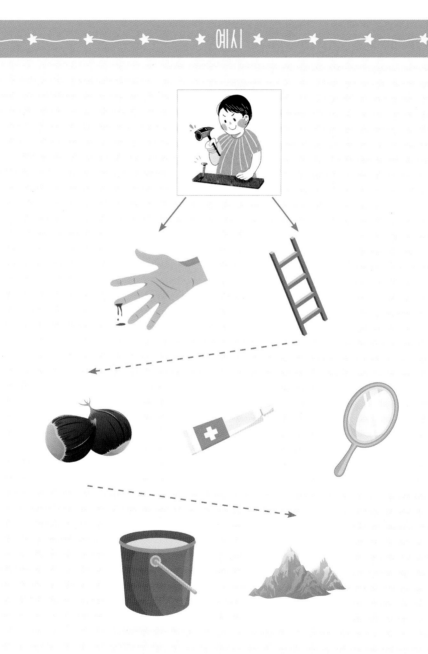

아이가 망치로 못을 박았어. 그리고 사다리를 만들어서 밤을 따러 나무에 올라갔어.
나무에 올라가니 멀리 산꼭대기가 보였어.

169

다음 [보기]에 제시된 상황을 살펴보고, 앞으로 어떤 일이 일어날지 상상하며 이어질 그림을 순서대로 선택해봅시다. 선택한 그림에 맞게 이야기가 이어질 수 있도록 꾸며서 말해보세요.

선을 그어주세요.

다음 [보기]에 제시된 상황을 살펴보고, 앞으로 어떤 일이 일어날지 상상하며 이어질 그림을 순서대로 선택해봅시다. 선택한 그림에 맞게 이야기가 이어질 수 있도록 꾸며서 말해보세요.

선을 그어주세요.

다음 [보기]에 제시된 상황을 살펴보고, 앞으로 어떤 일이 일어날지 상상하며 이어질 그림을 순서대로 선택해봅시다. 선택한 그림에 맞게 이야기가 이어질 수 있도록 꾸며서 말해보세요.

선을 그어주세요.

다음 [보기]에 제시된 상황을 살펴보고, 앞으로 어떤 일이 일어날지 상상하며 이어질 그림을 순서대로 선택해봅시다. 선택한 그림에 맞게 이야기가 이어질 수 있도록 꾸며서 말해보세요.

선을 그어주세요.

다음 [보기]에 제시된 상황을 살펴보고, 앞으로 어떤 일이 일어날지 상상하며 이어질 그림을 순서대로 선택해봅시다. 선택한 그림에 맞게 이야기가 이어질 수 있도록 꾸며서 말해보세요.

선을 그어주세요.

다음 [보기]에 제시된 상황을 살펴보고, 앞으로 어떤 일이 일어날지 상상하며 이어질 그림을 순서대로 선택해봅시다. 선택한 그림에 맞게 이야기가 이어질 수 있도록 꾸며서 말해보세요.

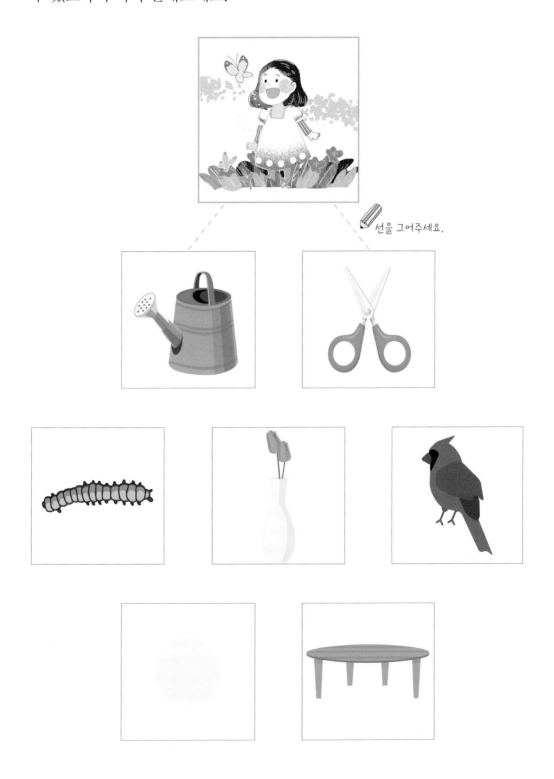

선을 그어주세요.

다음 [보기]에 제시된 상황을 살펴보고, 앞으로 어떤 일이 일어날지 상상하며 이어질 그림을 순서대로 선택해봅시다. 선택한 그림에 맞게 이야기가 이어질 수 있도록 꾸며서 말해보세요.

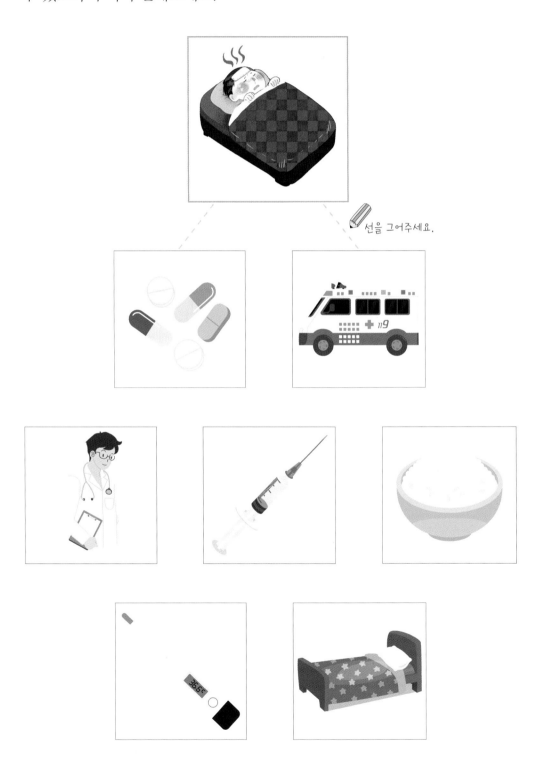

선을 그어주세요.

다음 [보기]에 제시된 상황을 살펴보고, 앞으로 어떤 일이 일어날지 상상하며 이어질 그림을 순서대로 선택해봅시다. 선택한 그림에 맞게 이야기가 이어질 수 있도록 꾸며서 말해보세요.

선을 그어주세요.

✎ 다음 [보기]에 제시된 상황을 살펴보고, 앞으로 어떤 일이 일어날지 상상하며 이어질 그림을 순서대로 선택해봅시다. 선택한 그림에 맞게 이야기가 이어질 수 있도록 꾸며서 말해보세요.

✎ 선을 그어주세요.

다음 [보기]에 제시된 상황을 살펴보고, 앞으로 어떤 일이 일어날지 상상하며 이어질 그림을 순서대로 선택해봅시다. 선택한 그림에 맞게 이야기가 이어질 수 있도록 꾸며서 말해보세요.

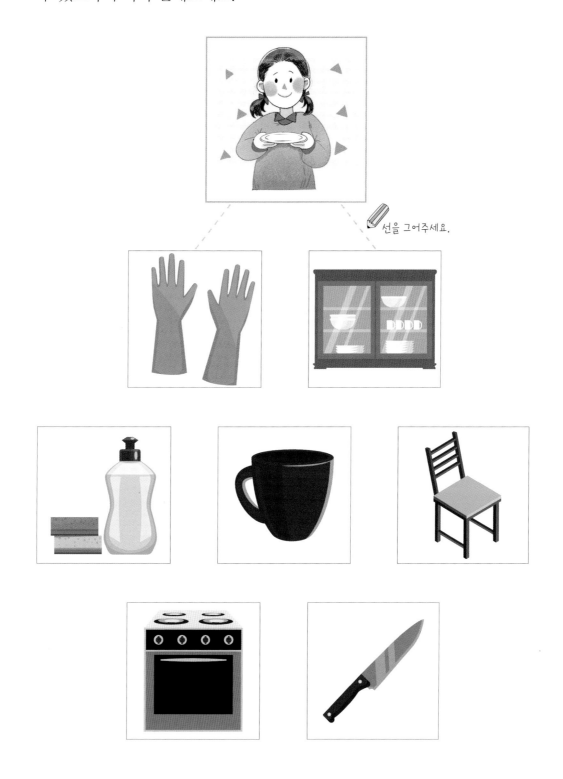

선을 그어주세요.

단어로 문장 만들기

✏️ 선생님이 보여주는 세 개의 글자카드를 보고 이야기를 만들어 보세요.(글 또는 말)

★ ─★─★─★─ ★ 예시 ★ ─★─★─★─ ★

시장	계산대	떡볶이

나는 엄마와 마트에 갔어요. 떡, 야채, 어묵을 골라서 계산대에 올려놓았어요.

집에 와서 엄마가 맛있는 떡볶이를 만들어 주셨어요.

1

주사	치과	칫솔

2

학교	엄마	숙제

3

불	소방차	장난전화

4

시험	게임	엄마

✏️ 선생님이 보여주는 세 개의 글자카드를 보고 이야기를 만들어 보세요.

1   가위   가면   색연필

----

2   시장   야채   샐러드

----

3   바다   배   수족관

----

4   생일   카드   케이크

----

5   길   핸드폰   눈물

✏️ 선생님이 보여주는 세 개의 글자카드를 보고 이야기를 만들어 보세요.

1

| 동물 | 소풍 | 학교 |

2

| 학교 | 열쇠 | 대문 |

3

| 시계 | 지각 | 청소 |

4

| 체중계 | 옷 | 바느질 |

5

| 가스레인지 | 라면 | 배고픔 |

6

| 여름 | 바다 | 안전요원 |

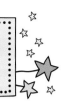

 불러주는 내용을 잘 들어보세요. 잘 듣고 기억하고 있는지 선생님이 질문을 할 거예요.

★ 예시 ★

나는 저녁밥을 먹고 난 후, 2층 욕실에서 목욕을 하였다.

저녁밥을 먹고 난 후 무엇을 하였나요? 목욕

어디에서 목욕을 하였나요? 2층 욕실

1 영수는 미술학원이 끝난 후, 집에 돌아와서 점심밥을 먹고 태권도 학원에 갔다.

영수는 집에 돌아와 무엇을 하였나요?

영수는 점심밥을 먹고 난 후 무엇을 하였나요?

영수는 태권도 학원에 가기 전에 어떤 학원에 다녀왔나요?

2 더운 여름날, 현주는 엄마랑 목욕탕에 가기 위해 때수건과 샴푸, 비누, 그리고 속옷을 찾으러 화장실과 안방을 돌아다녔다.

현주는 어디에 가려고 하나요?

현주는 누구와 목욕탕에 가려고 하나요?

현주는 무엇을 찾고 있나요?

지금은 어느 계절인가요?

3 철희는 내일 아빠와 꽃을 심기 위해, 오늘 꽃시장에 가서 씨앗과 삽, 물뿌리개를 사왔어요.

철희는 내일 무엇을 할 건가요?

꽃시장에 가서 무엇을 사왔나요?

4 방학이 되어 이제는 아침에 학원을 갑니다. 유빈이는 오늘 늦잠을 자서 학원버스를 놓쳤습니다. 그래서 엄마가 유빈이를 택시에 태워 학원으로 보내주셨습니다.

유빈이는 언제 학원에 가나요?

유빈이는 왜 학원버스를 놓쳤나요?

유빈이는 무엇을 타고 학원에 갔나요?

누가 유빈이를 택시에 태워주었나요?

5 재호는 야구를 하러 공원에 나가기 전에 학교 숙제를 다 끝냈습니다. 공원에 나가 보니 홍철이가 야구를 같이하기 위해 기다리고 있었습니다.

재호는 야구를 하러 어디로 나갈 건가요?

재호는 야구를 하러 나가기 전에 무엇을 하였나요?

재호는 누구와 야구를 할 건가요?

6 민수가 컴퓨터 오락을 하고 있던 중, 갑자기 컴퓨터가 멈추면서 꺼져 버렸어요. 민수는 형에게 컴퓨터를 고쳐달라고 했어요. 컴퓨터를 이리저리 만져보던 형은 "바이러스에 걸렸어."라고 하며, 수리를 받아야겠다고 말했어요.

민수의 컴퓨터는 왜 멈췄나요?

민수는 무엇을 하고 있었나요?

민수는 누구에게 컴퓨터를 고쳐달라고 말했나요?

민수는 이제 어떻게 해야 하나요?

7 민영이는 거실 소파에 앉아 떡볶이를 먹고, 빈 접시를 싱크대로 가져가다 떨어뜨렸습니다. 민영이는 떨어진 접시에 발을 다쳤습니다. 엄마와 민영이는 급히 병원으로 갔습니다.

떡볶이를 먹은 사람은 누구인가요?

민영이는 어디에서 떡볶이를 먹었나요?

민영이는 접시를 떨어뜨려서 어떻게 되었나요?

민영이는 누구와 병원으로 갔나요?

8 병희는 학교 수업이 끝난 후, 교실에서 급하게 뛰어나오다 담임선생님과 부딪혔습니다. 병희와 담임선생님 모두 복도 바닥에 넘어지고 말았어요. 병희는 신고 있던 실내화가 벗겨졌고, 담임선생님은 구두가 벗겨지셨어요.

담임선생님은 누구와 부딪히셨나요?

병희는 지금 어디에 있나요?

복도에 넘어진 사람은 누구죠?

구두가 벗겨진 사람은 누구인가요?

9 태호와 태희는 학원이 끝난 후, 집에 돌아왔어요. 배가 너무 고픈 태희는 집에 오자마자 만두를 꺼내서 전자레인지에 데웠어요.

배고픈 사람은 누구인가요?

태희는 무엇을 전자레인지에 데웠나요?

태호와 태희는 어디에서 집으로 돌아왔나요?

문장 연결하기

✏️ 임자말과 풀이말을 잘 연결해 보세요.

1 자동차가 •   • 캔다

2 나물을 •   • 달린다

3 꽃이 •   • 날아간다

4 비행기가 •   • 차갑다

5 얼음은 •   • 피었다

6 농사를 •   • 감는다

7 모자를 •   • 쓴다

8 머리를 •   • 짓는다

▶ **임자말** 문장에서 '누가'나 '무엇이'에 해당하는 부분을 말합니다.

▶ **풀이말** 문장에서 '어떻게 되다', '어찌하다', '무엇이다'에 해당하는 부분을 말합니다.

문장을 연결해서 뜻이 통하도록 해 보세요.

1 여름에는 날이 더우니까 • • 성능이 좋지 않다

2 네가 잘못했으면 • • 고추가 더 맵다

3 밥을 많이 먹어서 • • 힘은 세다

4 아무리 높은 산일지라도 • • 엄마가 만들어주는 음식이 최고다

5 내 친구는 몸집은 작아도 • • 먼저 사과해라

6 피자, 콜라가 아무리 맛있어도 • • 세탁소도 들러 와라

7 마늘도 맵지만 • • 음식을 찬 곳에 보관해야 한다

8 슈퍼에 가는 길에 • • 똥배가 나왔다

✏️ 문장을 연결해서 뜻이 통하도록 해 보세요.

1 착한 어린이라면 •   • 방으로 들어갔다

2 비싸게 주고 산 컴퓨터가 •   • 일찍 자고 일찍 일어나야 한다

3 할 줄 모르면 •   • 바로 잠들었다

4 더울 것 같아서 •   • 성능이 좋지 않다

5 내 친구는 얼굴도 예쁘고 •   • 옷을 얇게 입었다

6 피아노는 잘 치지만 •   • 모른다고 말해라

7 애기가 신발을 신은 채 •   • 마음도 예쁘다

8 바람이 세게 •   • 노래는 못 부른다

9 너무 피곤해서 •   • 불었다

188

✏ 문장을 연결해서 뜻이 통하도록 해 보세요.

1 민호는 얼굴도 잘 생겼고 •   • 따뜻하다

2 가위를 갖고 장난치다가 •   • 나도 구경하러 갔다

3 추울 줄 알았는데 •   • 공부도 잘해

4 눈병이 나서 •   • 뾰족해진다

5 맨날 단 것만 먹더니 •   • 손을 다쳤다

6 흙을 다 팠으면 •   • 항상 조심해서 타라

7 연필은 깎으면 깎을수록 •   • 안과를 갔다

8 자전거가 튼튼해 보여도 •   • 뚱뚱보가 되어 버렸다

9 사람들이 많이 모여 있기에 •   • 씨를 뿌려라

예시처럼 두 문장을 연결해 보세요.

★ 예시 ★

비가 오다. 집에서 쉴게요.

비가 오면 집에서 쉴게요.

1 가족들과 여행을 가다. 매우 재미있을 거예요.

_____면 _____

2 마트에 가다. 사고 싶은 게 너무 많아요.

_____면 _____

3 성적표를 받다. 우울해질 것 같다.

_____면 _____

4 감기에 걸리다. 이비인후과에 가야 한다.

_____면 _____

5 밥을 적게 먹다. 살이 빠질 거예요.

_____면 _____

6 아빠가 일찍 들어오시다. 배드민턴 치러 나갈 거예요.

_____면 _____

7 새집으로 이사 가다. 동생과 방을 따로 쓸 수 있어요.

_____면 _____

8 다음 달이 되다. 나에게도 동생이 생겨요.

_____면 _____

9 크리스마스가 되다. 산타할아버지가 오실 거예요.

_____면 _____

10 찬 음식을 많이 먹다. 배탈이 날 수 있어요.

_____면 _____

11 내가 커서 경찰이 되다. 나쁜 도둑을 잡을 거예요.

_____면 _____

다음 예시와 같이 박스 안에 주어진 유형을 사용하여 두 문장을 연결해 보세요.

부자가 됩니다. 돈을 모읍니다. (기 위해서)

부자가 되기 위해서 돈을 모읍니다.

기 위해서	기 때문에	기 전에

1 아픈 사람을 도와줍니다. 의사가 될 겁니다.

----

2 나는 공부를 안 하고 놀았습니다. 꼴찌를 했습니다.

----

3 단것을 많이 먹었습니다. 이가 썩었습니다.

----

4 나가서 놀다. 학교 숙제를 다 해야만 합니다.

----

5 엄마한테 칭찬을 받다. 집 안 청소를 열심히 하였습니다.

----

6   북두칠성을 보다. 망원경을 샀습니다.

----

7   라면을 넣다. 물을 끓였습니다.

----

8   양말을 벗다. 신발을 벗었습니다.

----

9   놀이터에 놀러 나가다. 학교 숙제를 끝냈습니다.

----

10 수업시간에 떠들었다. 교실 뒤에서 벌섰습니다.

----

11 제주도에 가다. 배행기를 타야 합니다.

조사의 사용

 다음 빈칸에 알맞은 도움말을 박스에서 찾아 넣어 보세요.

은	는	도	로	으로

1 내 동생_____ 나만큼 키가 크지 않다.

2 학교에 가니까, 친구들_____ 많고 선생님_____ 많다.

3 튀어나온 못은 망치_____ 두드려야 돼.

4 이쪽에서 저쪽_____ 걸어가는 데 30분이나 걸린다.

5 아무리 늦어도 아침밥_____ 먹고 가야지.

6 소풍을 갔는데, 지현이_____ 아파서 못 왔다.

7 새로 산 컴퓨터는 모니터_____ 크고, 인터넷_____ 빠르다.

8 이것_____ 내 책가방이 아니야.

9 예방접종을 하지 않은 친구는 점심시간에 양호실_____ 오세요.

10 형_____ 공부를 안 해서 시험을 망쳤지만, 나_____ 열심히 공부해서
성적이 잘 나왔다.

다음 빈칸에 알맞은 도움말을 박스에서 찾아 넣어 보세요.

까지	처럼	에서	부터	보다	을	를

1 이 비행기는 서울＿＿＿＿＿＿ 미국＿＿＿＿＿＿ 한 번에 가요.

2 이 바지＿＿＿＿＿ 더 큰 바지＿＿＿＿＿ 주세요.

3 (음식점에 가서) 아주머니, 주문＿＿＿＿＿ 받으세요.

4 아빠＿＿＿＿＿ 멋있는 남자가 될 거야.

5 음식＿＿＿＿＿ 남기면, 벌금＿＿＿＿＿ 문다.

6 여자애들은 화장실에 갈 때 왜 친한 친구＿＿＿＿＿ 데리고 가지?

7 여기＿＿＿＿＿ 내 자리야. 넘어오지 마.

8 신발이 작아요. 이것＿＿＿＿＿ 더 큰 거 사 주세요.

9 내 여자 친구는 머리＿＿＿＿＿ 발끝＿＿＿＿＿ 사랑스럽다.

10 우리 엄마＿＿＿＿＿ 착한 사람이 되고 싶다.

11 고양이한테 물＿＿＿＿＿ 주지 말고, 우유＿＿＿＿＿ 주렴.

다음 빈칸에 알맞은 도움말을 박스에서 찾아 넣어 보세요.

은	는	부터	까지	에게	에서
에	만	보다	를	로	으로

1 새로 산 옷_____ 내 몸_____ 꼭 맞는다.

2 1월_____ 2월_____ 는 겨울방학이다.

3 영수는 나_____ 키가 더 크다.

4 민서는 키_____ 작아도 힘은 세다.

5 군인아저씨_____ 위문편지_____ 썼다.

6 그 기차는 몇 시_____ 출발하나요?

7 이 버스는 서울_____ 대구_____ 간다.

8 어느 쪽_____ 갈 거니?

9 천둥번개 소리_____ 자다가 깼다.

10 사과, 바나나, 파인애플은 과일인데, 토마토_____ 야채가 아니다.

✏️ 다음 빈칸에 알맞은 도움말을 박스에서 찾아 넣어 보세요.

부터	까지	에게	처럼	에서	가
만	보다	로	으로	는	도

1 내 얼굴은 보름달＿＿＿＿＿ 동그랗다.

2 이쪽＿＿＿＿＿ 저쪽＿＿＿＿＿ 한 번에 뛰어봐.

3 예전 반장이 전학을 가서 오늘＿＿＿＿＿ 내가 반장이야.

4 부산＿＿＿＿＿ 이사 온 김준수입니다.

5 그 피자＿＿＿＿＿ 정말 맛있어.

6 아무 소리＿＿＿＿＿ 나지 않아서 도둑이 들어온 줄 몰랐다.

7 여자＿＿＿＿＿ 남자＿＿＿＿＿ 힘이 세다.

8 길에서 지갑을 주우면, 경찰서＿＿＿＿＿ 갖고 가야 한다.

9 새는 하늘＿＿＿＿＿ 날아다닌다.

10 매일 밥＿＿＿＿＿ 먹는 것은 지겹다.

관형사의 사용

✏️ 다음 빈칸에 알맞은 말을 박스에서 골라 써 보세요.

어느	어떤	무슨	몇

1 너는 _____ 색을 좋아해?

2 아까 _____ 시에 수업이 끝났지?

3 아저씨는 _____ 번 버스를 기다리세요?

4 지금 _____ 생각하고 있어?

5 동생의 나이가 _____ 살이니?

6 선생님께서 _____ 일로 우리 집에 오셨을까?

7 학교에서 집까지 _____ 시간 걸려?

8 일주일 중에 _____ 요일이 제일 좋아?

9 가수 중에서 _____ 사람을 제일 좋아하니?

10 오늘 현장학습에 가지 않은 친구는 _____ 명이니?

규칙 · 불규칙 용언

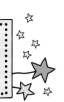

✏️ 다음의 단어를 다음과 같이 활용해서 써 보세요.

(물을) 긷다	우물에서 물을 ____길____ 러 와라.
먹다	엄마, 우리 고기 _____ 러 가요.
흐르다	이 강물은 여기에서부터 _____ 러 바다로 간다.
돕다	우리 누나는 가난한 사람들을 _____ 러 해외 봉사활동을 갔다.
누르다	이 버튼을 _____ 러 보아라.
잡다	고양이는 쥐를 _____ 러 다닌다.
사다	쌀을 _____ 러 쌀가게에 갔다.
(음악을) 듣다	나는 좋은 음악을 _____ 러 매달 음악회에 간다.
부르다	저기 앉아 있는 친구의 이름을 _____ 러 보아라.
가지다	신문을 _____ 러 대문 밖으로 나갔다.
(물건을) 싣다	짐을 _____ 러 창고에 가다.
접다	나는 종이접기 교실에 색종이를 _____ 러 간다.
찾다	타임머신을 타고 공룡을 _____ 러 가자.
뽑다	야채를 _____ 러 텃밭에 갔다.
줍다	나는 밤을 _____ 러 온 산을 돌아다녔다.
(~을) 몰다	목동은 양을 _____ 러 나갔다.
(선을) 긋다	물감으로 여기에 선을 _____ 라.
(물을) 붓다	세숫대야에 물을 _____ 라.

피동 · 사동

✎ 다음에 나와 있는 단어를 피동 형태로 써 보세요.

1 섞다   섞이다

2 먹다

3 놓다

4 열다

5 걸다

6 안다

7 보다

8 잡다

9 듣다

10 빼앗다

✎ 다음에 나와 있는 단어를 사동 형태로 써 보세요.

1 돌다   돌리다

2 벗다

3 살다

4 맡다

5 자다

6 넓다

7 속다

8 앉다

9 죽다

다음의 문장을 읽고, 빈칸에 들어갈 단어를 피동형으로 채워 보세요.

1 엄마와 할머니는 연락을 끊었다.

두 분 사이에 연락이 _____끊긴_____ 지가 오래되었다.

2 유치원에 갔던 동생이 돌아오지 않아 마음을 놓을 수 없었다.

동생이 조금 전 집에 들어와서 이제는 마음이 _____.

3 사자가 개의 다리를 물었다.

개는 사자한테 다리를 _____.

4 엄마는 내 동생만 안아주신다.

나도 엄마 품에 _____고 싶다.

5 우리 집 뒤뜰에서는 멀리 있는 북한산도 볼 수 있다.

저기 _____는 저 산이 북한산이다.

6 어제 클래식 음악을 들으러 음악회에 갔다.

그런데 옆에 있는 사람들이 떠들어서 음악이 잘 _____지 않았다.

7 알리바바와 40인의 도둑은 문을 열기 위해 동굴 앞에 서 있었다.

그러다 한 사람이 주문을 외쳤다. _____라, 참깨!

8 성인이를 우리 반 반장으로 뽑았다.

반장으로 _____ 성인이는 내일 임명장을 받는다.

9 아기가 엄마 품속에 누워 우유를 먹는다.

엄마가 젖병을 들고 아기에게 우유를 _____고 있다.

다음의 문장을 읽고, 빈칸을 사동형으로 채워 보세요.

1 송아지는 아직 어려서 목장 주인이 직접 먹이를 _____ 줍니다. (먹다)

2 이 골목길은 너무 좁아서 _____ 야 되겠다. (넓다)

3 병으로 죽어가던 사람을 의사가 _____ 다. (살다)

4 아이가 졸려서 계속 우는데 좀 _____ 세요. (자다)

5 자는 동생을 괜히 괴롭혀서 _____ 지 말아라. (울다)

6 마법사는 그 공주를 _____ 려고 독이 든 약을 몰래 먹였다. (죽다)

7 어린 아기들은 유아용 의자에 _____ 세요. (앉다)

8 아빠가 아직 퇴근하지 않으셨으니, 음식을 조금 _____ 놓자. (남다)

9 대문을 잠그지 않고 집을 _____ 다가 도둑 맞았다. (비다)

10 애기가 더워서 땀을 많이 흘리니, 옷을 좀 _____ 세요. (벗다)

11 아이들 여러 명이 골목길에 나와 팽이를 _____ 고 있다. (돌다)

의성어·의태어

흉내 내는 말에 대해 공부합시다. 모습이나 움직임을 나타내는 말과 소리를 흉내 낸 말을 구분해 보세요. 그리고 몸짓, 손짓을 이용해서 그 말의 분위기를 표현해 보세요.

폴짝폴짝	꽥꽥	아장아장	데굴데굴	삐뽀삐뽀
둥둥둥	꼬불꼬불	살금살금	개굴개굴	깔깔깔
호호호	뒤뚱뒤뚱	첨벙첨벙	둥둥	부르릉
후루룩	우수수	쑥쑥	씰룩씰룩	깡충깡충
주룩주룩	대롱대롱	번쩍번쩍	덜덜덜	줄줄줄
무럭무럭	넘실넘실	나풀나풀	사뿐사뿐	훌쩍훌쩍

1 모습이나 움직임, 느낌을 흉내 내는 말

----

2 소리를 흉내 내는 말

▶ 흉내 내는 말을 사용하면 좋은 점은?

사물, 동물의 모양이나 움직임을 자세하게 표현할 수 있고, 노래를 부르는 듯한 느낌이 나요.

사람이나 동물, 사물의 행동을 실제로 보거나 듣는 것 같아요.

흉내 내는 말을 사용하여 글짓기를 해 보세요.

★ 예시 ★

데굴데굴

나무에서 떨어진 도토리가 데굴데굴 굴러다닌다.

나는 어제 상한 케이크를 먹고 배탈이 났다. 배가 너무 아파 데굴데굴 굴렀다.

1 폴짝폴짝

2 껑충껑충

3 살금살금

4 꼬불꼬불

5 후루룩

✐ 흉내 내는 말을 사용하여 글짓기를 해 보세요.

쿵쿵
위층에서 아이가 뛸 때마다 쿵쿵 소리가 난다.
우리는 운동회 때 발을 쿵쿵 하고 굴렀다.

1 쑥쑥

----

2 첨벙첨벙

----

3 깔깔깔

----

4 쾅쾅

----

5 뒤뚱뒤뚱

✏️ 흉내 내는 말을 넣어 문장을 완성해 보세요.

애기가 __무럭무럭__ 자란다.

1 나는 신이 나서 _____ 뛰었다.

2 가을에 낙엽이 _____ 떨어진다.

3 비가 _____ 내린다.

4 물속에서 _____ 물장구를 쳤다.

5 삼촌의 볼이 _____ 움직였다.

6 천둥번개가 치자, 빛이 _____ 났다.

7 무서운 개가 나타나 _____ 떨었다.

8 파도가 _____ 친다.

9 도둑이 _____ 들어왔다.

10 애기가 좋아서 _____ 뛴다.

11 _____ 북소리가 울린다.

형용사 활용하기

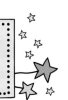

 다음의 단어를 문장에 알맞게 고쳐서 써 넣어 보세요.

재미있다

과학 공부를 <u>재미있게</u> 하였다.

<u>재미있는</u> 책을 읽었다.

영화도 <u>재미있고</u>, 만화도 <u>재미있다</u>.

1 높다

후지산은 일본에서 가장 ＿＿＿＿＿＿＿＿＿＿＿ 산이다.

수진이보다 내가 더 ＿＿＿＿＿＿＿＿＿＿＿ 쌓았다.

＿＿＿＿＿＿＿＿＿＿＿ 산을 열심히 올라갔다.

2 많다

사탕은 ＿＿＿＿＿＿＿＿＿＿＿ 만, 초콜릿은 적다.

＿＿＿＿＿＿＿＿＿＿＿ 사람들이 노래를 불렀다.

토마토 묘목을 더 ＿＿＿＿＿＿＿＿＿＿＿ 심었다.

3 좋아하다

나는 노래를 ＿＿＿＿＿＿＿＿＿＿＿.

내가 ＿＿＿＿＿＿＿＿＿＿＿ 운동은 수영이다.

나는 햄버거를 ＿＿＿＿＿＿＿＿＿＿＿ 만, 피자를 더 ＿＿＿＿＿＿＿＿＿＿＿.

✏️ 다음의 단어를 문장에 알맞게 고쳐서 써 넣어 보세요.

1 어둡다

방을 ＿＿＿＿＿＿＿＿＿＿ 하였다.

＿＿＿＿＿＿＿＿＿＿ 골목길은 위험하다.

밤도 ＿＿＿＿＿＿＿＿고, 동굴 안도 ＿＿＿＿＿＿＿＿＿＿.

2 즐겁다

수영이 생일파티 때, ＿＿＿＿＿＿＿＿ 놀았다.

우리는 ＿＿＿＿＿＿＿＿ 노래를 불렀다.

성탄절은 ＿＿＿＿＿＿＿＿ 날이다.

3 춥다

＿＿＿＿＿＿＿＿＿ 날에는 옷을 따뜻하게 입어야 한다.

＿＿＿＿＿＿＿＿＿ 자면 감기에 걸릴 수 있다.

겨울은 ＿＿＿＿＿＿＿＿고, 여름은 덥다.

4 아름답다

산에 올라가면 ＿＿＿＿＿＿＿＿ 야경이 보인다.

미술시간에 우리 엄마를 ＿＿＿＿＿＿＿＿ 그렸다.

신부는 ＿＿＿＿＿＿＿＿고, 신랑은 멋있다.

시제 달력

일주일 동안 어떤 일들이 있었나요? 월요일부터 일요일까지 살펴본 후 일주일 중 하루를 '오늘'로 선택해보세요! 어떤 요일이든 상관 없답니다. '오늘'이 정해지면 질문에 따라 이야기 나누어 봅시다.

★ 보기 ★

월	화	수	목	금	토	일
엊그저께	그저께	어제	오늘	내일	모레	글피

1 오늘 무엇을 하나요?

양치를 해요.
- -

2 어제 무엇을 했었나요?

옷을 입었어요.
- -

3 내일은 무엇을 하나요?

점토 놀이를 할 거예요.
- -

4 그저께에는 무엇을 했었나요?

씨리얼을 먹었어요.
- -

5 엊그저께에는 무엇을 했었나요?

빨래를 널었어요.
- -

6 모레에는 무엇을 할 건가요?

책을 읽을 거예요.
- -

7 글피에는 무엇을 할 건가요??

침대에서 잘 거예요.
- -

일주일 동안 어떤 일들이 있었나요? 월요일부터 일요일까지 살펴본 후 일주일 중 하루를 '오늘'로 선택해보세요! 어떤 요일이든 상관 없답니다. '오늘'이 정해지면 질문에 따라 이야기 나누어 봅시다.

★ —★— ★ —★— ★ —★— ★ 보기 ★ —★— ★ —★— ★ —★— ★

월	화	수	목	금	토	일

'오늘'에 해당하는 날을 선택하여 ○ 동그라미 표시해주세요.

1 **오늘** 무엇을 하나요?

----

2 **어제** 무엇을 했었나요?

----

3 **내일**은 무엇을 하나요?

----

4 **그저께**에는 무엇을 했었나요?

----

5 **엊그저께**에는 무엇을 했었나요?

----

6 **모레**에는 무엇을 할 건가요?

----

7 **글피**에는 무엇을 할 건가요??

✎ **부록 8**을 활용하여 한 달간 어떤 일이 있었는지 꾸며봅시다. 다 꾸며진 달력을
보며 한 달간 어떤 일들이 있었는지 시제에 맞게 이야기 나누어 봅시다.

				☐ 월		
월	화	수	목	금	토	일
1	2	3	4	5	6	7
8	9	10	11	12	13	14
15	16	17	18	19	20	21
22	23	24	25	26	27	28
29	30	31				

먼저, 달력에서 '오늘'에 해당하는 그림을 골라 O 동그라미 표시해 주세요.

1 **오늘** 무엇을 하나요?

---

2 **어제** 무엇을 했나요?

---

3 **내일** 무엇을 할 건가요?

---

4 **그저께**에는 무엇을 했었나요?

---

5 **모레**는 무엇을 할 건가요?

---

6 **지난 주**에는 누구에게, 어떤 일들이 있었나요?

---

7 **다음 주**에는 누구에게, 어떤 일들이 일어나나요?

단어 찾기

✎ 상자 안에 있는 글자들을 가로, 세로, 그리고 사선으로 연결해서 의미 있는 단어를 찾아보세요. 찾은 단어를 밑의 칸에 적어 보세요.

이	사	컴	산	초	이	우	면	구	지
도	강	요	양	진	오	디	라	도	우
자	배	나	구	약	사	인	우	빌	기
기	석	방	나	르	퓨	터	리	마	책
건	마	스	케	이	트	비	갑	자	스
달	사	기	이	발	래	가	지	파	돗
배	주	공	오	양	가	조	식	노	즈
오	선	기	머	리	말	타	포	초	치
어	징	습	소	조	어	세	수	크	이
발	나	가	시	리	메	카	용	팽	레

이사,

상자 안에 있는 글자들을 가로, 세로, 그리고 사선으로 연결해서 의미 있는 단어를 찾아보세요. 찾은 단어를 밑의 칸에 적어 보세요.

처	주	걱	성	사	시	도	갈	새	력	미	감	독	관	리	미
장	거	기	경	학	실	미	도	물	서	지	술	감	피	고	루
비	관	북	치	원	미	수	감	밀	오	레	드	곤	잘	가	두
수	거	이	선	장	영	다	리	파	지	님	럼	사	장	자	르
기	염	옥	죽	엽	태	가	람	사	각	형	차	이	빨	폰	미
테	이	봉	수	리	권	극	타	떡	수	레	조	래	드	거	리
이	파	깃	차	지	도	기	멍	이	재	컴	닥	핸	차	머	성
판	대	리	고	리	책	구	장	바	둑	널	기	퓨	어	라	오
상	임	머	개	건	두	식	초	돔	자	미	장	원	니	메	기
장	책	리	발	쇠	삼	군	사	원	식	터	럭	작	시	카	자
비	가	도	레	어	카	적	발	형	탁	모	자	심	어	비	서
달	우	착	무	다	리	미	성	장	시	계	형	리	스	우	마
비	러	판	주	구	발	시	구	고	개	산	처	일	컹	크	어
장	도	사	칠	찬	가	시	차	물	감	기	척	손	부	레	귀
화	망	기	자	가	수	영	엄	개	투	상	처	로	파	처	께
대	노	의	두	응	사	용	살	시	비	자	난	정	고	사	님

기분을 나타내는 말

 일상생활에서 겪은 일들을 이것저것 말해 보고, 그때의 기분을 생각해 봅시다.

고맙다	기쁘다	슬프다	속상하다	즐겁다
무섭다	귀찮다	부끄럽다	창피하다	부럽다
섭섭하다	신경질난다	심심하다	지겹다	억울하다
반갑다	그립다	이상하다	황당하다	두렵다

내가 겪은 일	그때의 기분
어제 부모님을 따라 음악회에 갔다. 성악가들이 나와서 노래를 불렀는데, 내가 아는 노래도 하나도 없고, 도무지 알아들을 수가 없었다.	- 재미도 없고 심심해서 혼났다. - 음악회가 언제 끝나는지 알 수 없어 계속 기다렸다. 지겨워서 혼났다.

내가 겪은 일	그때의 기분

내가 겪은 일	그때의 기분

일상생활에서 겪은 일들을 이것저것 말해 보고, 그때의 기분을 생각해 봅시다.

내가 겪은 일	그때의 기분

내가 겪은 일	그때의 기분

내가 겪은 일	그때의 기분

내가 겪은 일	그때의 기분

누구일까요? - 가작화 활동

✏️ **부록 9**에 있는 물건들을 붙이며 어떤 인물에 대한 것인지 생각해봅시다. 어떤 인물인지 알았으면 해당하는 인물의 말과 행동을 상상하여 흉내내봅시다.

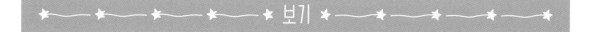

★ 보기 ★

▶ 아이가 인물을 잘 떠올리지 못할 때에는, **부록 10**에 있는 인물 카드를 보여주고 고르도록 해주세요.

✏️ **부록 9**에 있는 물건들을 붙이며 어떤 인물에 대한 것인지 생각해봅시다. 어떤 인물인지 알았으면 해당하는 인물의 말과 행동을 상상하여 흉내내봅시다.

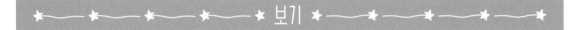

보기

✎ **부록 9**에 있는 물건들을 붙이며 어떤 인물에 대한 것인지 생각해봅시다. 어떤 인물인지 알았으면 해당하는 인물의 말과 행동을 상상하여 흉내내봅시다.

✏️ **부록** 9에 있는 물건들을 붙이며 어떤 인물에 대한 것인지 생각해봅시다. 어떤 인물인지 알았으면 해당하는 인물의 말과 행동을 상상하여 흉내내봅시다.

✎ **부록 9**에 있는 물건들을 붙이며 어떤 인물에 대한 것인지 생각해봅시다. 어떤 인물인지 알았으면 해당하는 인물의 말과 행동을 상상하여 흉내내봅시다.

✏️ **부록 9**에 있는 물건들을 붙이며 어떤 인물에 대한 것인지 생각해봅시다. 어떤 인물인지 알았으면 해당하는 인물의 말과 행동을 상상하여 흉내내봅시다.

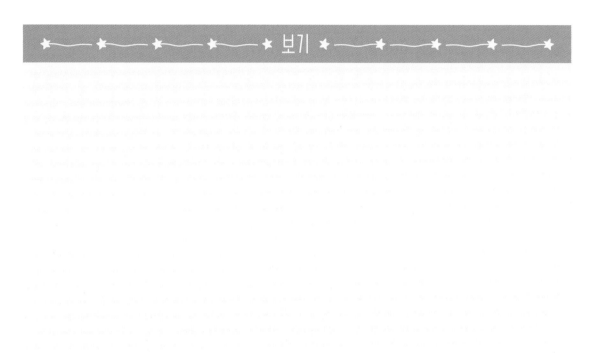

✏️ **부록 9**에 있는 물건들을 붙이며 어떤 인물에 대한 것인지 생각해봅시다. 어떤 인물인지 알았으면 해당하는 인물의 말과 행동을 상상하여 흉내내봅시다.

보기

✎ **부록 9**에 있는 물건들을 붙이며 어떤 인물에 대한 것인지 생각해봅시다. 어떤 인물인지 알았으면 해당하는 인물의 말과 행동을 상상하여 흉내내봅시다.

★————★————★————★————★ 보기 ★————★————★————★————★

부록 9에 있는 물건들을 붙이며 어떤 인물에 대한 것인지 생각해봅시다. 어떤 인물인지 알았으면 해당하는 인물의 말과 행동을 상상하여 흉내내봅시다.

★ 보기 ★

✏️ **부록 9**에 있는 물건들을 붙이며 어떤 인물에 대한 것인지 생각해봅시다. 어떤 인물인지 알았으면 해당하는 인물의 말과 행동을 상상하여 흉내내봅시다.

✏️ **부록 9**에 있는 물건들을 붙이며 어떤 인물에 대한 것인지 생각해봅시다. 어떤 인물인지 알았으면 해당하는 인물의 말과 행동을 상상하여 흉내내봅시다.

✏ **부록 9**에 있는 물건들을 붙이며 어떤 인물에 대한 것인지 생각해봅시다. 어떤 인물인지 알았으면 해당하는 인물의 말과 행동을 상상하여 흉내내봅시다.

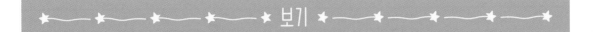

보기

설명하는 방법

설명하는 말을 배워봅시다. 우리는 사물이나 동물 또는 내가 겪은 일에 대해 다른 사람에게 설명할 수 있어야 합니다. 설명하는 방법을 배우고, 직접 연습해보세요.

★ ─ ★ ─ ★ ─ ★ ─ ★ 예시 ★ ─ ★ ─ ★ ─ ★ ─ ★

책

(모양이나 쓰임새를 생각하며 설명해보세요.)

네모난 모양이고, 그림과 글이 있습니다. 공부할 때 씁니다.

판다곰

(내가 알고 있는 사실이나 경험한 일을 떠올리며 설명해 보세요.)

동물원에 가면 볼 수 있고, 눈 주위가 까맣습니다. 영화에서 주인공으로 나왔고, 나무 위에 누워 풀을 뜯어 먹습니다. 귀찮다는 표정으로 항상 누워 있습니다.

냉장고

(사물이나 동물의 생김새 또는 특징을 자세하게 설명해 보세요.)

이것은 전자제품이고, 문이 위, 아래로 두 개 있습니다.

윗칸은 얼음을 얼리거나 생선, 고기를 오래 보관할 때 쓰고, 아래칸에는 반찬과 우유, 물을 넣어놓습니다. 이것의 문을 열면 주황색 불빛이 나오고, 시원한 바람도 나옵니다.

---

1 청소기

----

2 교복

----

3 버선

---

4 우물

---

5 인공위성

---

6 신문

---

7 수레

---

8 책상

---

9 달력

---

10 계곡

---

11 나침반

---

12 공장

---

13 조개

---

14 제주도

---

15 갯벌

---

16 은행

---

17 탈

----

18 저금

----

19 악기

----

20 자석

----

21 가축

----

22 겨울잠

----

23 애벌레

----

24 잔치

------

25 열매

------

26 땔감

------

27 물난리

------

28 눈사태

------

29 약수

------

30 무덤

또박또박 발음하기

 부록 11에 있는 발음을 또박또박 말해봅시다.

이 책에는, 왜 많은 말소리 중 '초성 /ㅅ/, /ㅆ/, /ㄹ/'와 '종성 /ㅂ/, /ㄷ/, /ㄱ/'만 있는 건가요?

말소리 발달 과정 중 초성과 종성(받침) 위치에서 가장 늦게 발달하는 음소들이 랍니다. 언어발달 지연을 보이는 아이들 외에 정상 발달 과정의 아이들에게 쉽게 오조음(틀리게 발음하는 것)하는 소리들이지요.

초성 /ㅅ/, /ㅆ/, /ㄹ/는 7세 전후로 거의 숙달되지만, 주변 음운 환경이 어떠한 가에 따라 학령 초기까지 미성숙한 상태로 발달해가는 소리랍니다. 이 중 /ㄹ/는 특이하게도 종성 위치에서는 가장 초기에 숙달되는 소리지만, 초성 위치에서는 가장 늦게 습득하는 소리예요.

종성 위치에서 나타나는 소리는 총 7가지로 /ㄱ/, /ㄴ/, /ㄷ/, /ㄹ/, /ㅁ/, /ㅂ/, /ㅇ/ 입니다. 종성 위치에 올 수 있는 자음인 'ㅅ, ㅆ, ㅈ, ㅊ, ㅌ, ㅎ'는 /ㄷ/로 발음되고, 'ㅋ, ㄲ'는 /ㄱ/, 'ㅍ'는 /ㅂ/로 발음되지요. 다른 자음들도 결국 위의 7가지 종성 소리 중 하나에 포함된답니다. 이 종성 소리들은 /ㄹ/를 제외하고 모두 비슷한 습득시기와 정도를 보입니다. 단, 스스로 말하거나 따라 말하는 유무, 자음 발달 순서, 조음기관 형성 속도 등에 따라 각 음소마다 조금씩 차이를 보인답니다. 일반적으로 /ㄹ/ 종성은 2세 전후에, 나머지 종성은 4세 전후에 숙달됩니다. 이 중 /ㅂ/, /ㄷ/, /ㄱ/는 종성 위치에서 가장 발화 빈도가 낮은 소리들로서 비음/유음 계열 소리인 /ㅁ/, /ㄴ/, /ㅇ/, /ㄹ/에 비해 조금 더 어렵고 늦게 발달합니다.

▶ Check piont!
- 초성 /ㅅ/, /ㅆ/, /ㄹ/는 가장 늦게 발달하는 소리이다. (5세 기준 약 75% 이하 습득율)
- 초성 /ㅅ/와 /ㅆ/는 모음 /ㅣ/ 앞에 올 때 가장 발음하기 쉽다! ([시]가 [사]보다 발음하기 쉬움)
- /ㄹ/는 '종성→초성' 순서대로 발달한다.
- 종성은 'ㄹ'가 가장 빨리 발달하고 나머지는 비슷한 습득 속도를 보인다.
  (단, 'ㅁ, ㄴ, ㅇ, ㄹ'보다 'ㅂ, ㄷ, ㄱ'가 조금 더 어려움)

발음 사다리 게임

✏️ 사다리를 타고 내려가 짝꿍을 찾아야 해요. 마음에 드는 그림을 골라 무엇인지 말하고, 사다리 선을 따라 내려가 봅시다. 누가누가 짝꿍인지 연결한 후 이야기 나누어 보세요.

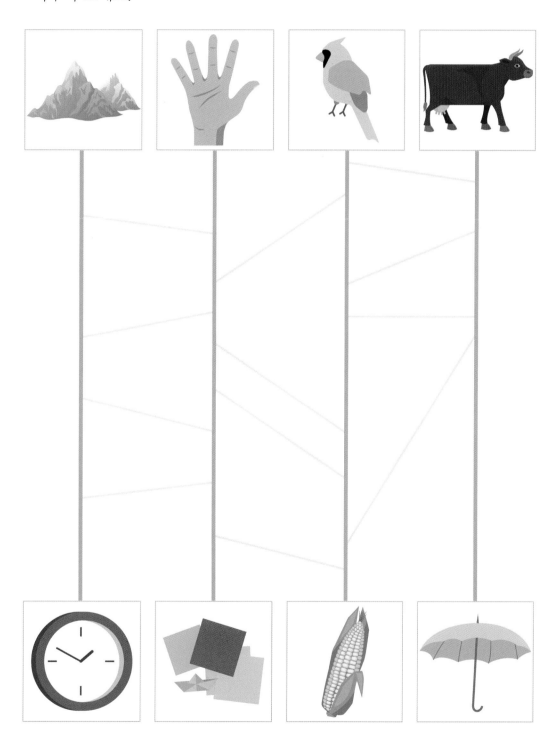

내가 좋아하는 발음카드(**부록 11**)를 골라 빈 칸에 붙여주세요. 사다리를 타고 내려가 짝꿍을 찾아야 한답니다. 마음대로 줄을 그어 사다리를 완성한 후 따라 내려가 보세요. 누가누가 짝꿍이 되었는지 이야기 나누어 봅시다.

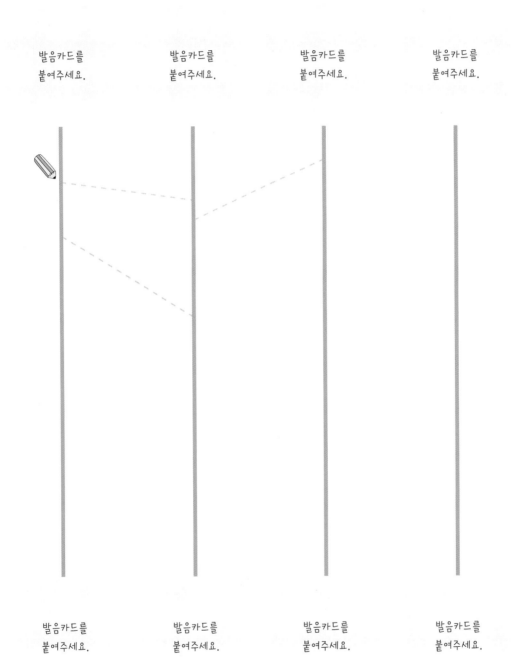

발음카드를
붙여주세요.

발음카드를
붙여주세요.

발음카드를
붙여주세요.

발음카드를
붙여주세요.

발음카드를
붙여주세요.

발음카드를
붙여주세요.

발음카드를
붙여주세요.

발음카드를
붙여주세요.

조음 미로 탈출하기

다음 보기에 제시된 그림의 순서를 잘 살펴보세요. 보기에 있는 그림 순서에 맞게 차례대로 따라가면 미로를 탈출할 수 있답니다. 그림을 순서대로 하나씩 지나갈 때마다 큰 소리로 무엇인지 말해보세요.

보기

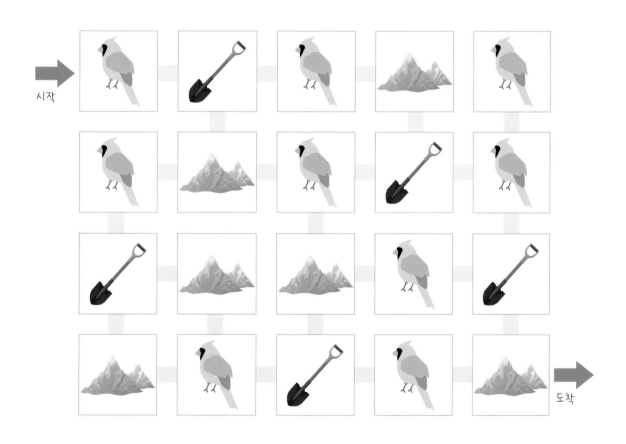

237

다음 제시된 판을 이용해 미로를 탈출하며 목표 발음을 연습해봅시다.

시작

발음카드를
붙여주세요.

발음카드를
붙여주세요.

발음카드를
붙여주세요.

발음카드를
붙여주세요.

발음카드를
붙여주세요.

발음카드를
붙여주세요.

발음카드를
붙여주세요.

발음카드를
붙여주세요.

발음카드를
붙여주세요.

발음카드를
붙여주세요.

발음카드를
붙여주세요.

발음카드를
붙여주세요.

발음카드를
붙여주세요.

발음카드를
붙여주세요.

발음카드를
붙여주세요.

발음카드를
붙여주세요.

 도착

조음 미로판을 어떻게 활용 할 수 있을까요?

1 목표 발음이 포함된 단어를 **부록 11**에서 3개 골라 순서를 정합니다.

'시작' 부터 '도착' 지점까지 정한 순서대로 단어를 반복하여 붙입니다.

미로의 길은 마음대로 그려 주세요.

나머지 칸에는 자유롭게 다양한 단어들을 붙이세요.

처음 정한 단어의 순서가 복잡할수록, 같은 단어들이 순서에 맞지 않게 반복해서 배치되어 있을수록, 미로의 길이 어려울수록 난이도가 높아진답니다.

아이에게 활동 방법을 설명해주세요.

"단어 순서를 잘 기억하세요. 이 순서대로 계속 따라가면 미로를 풀 수 있어요. 단, 미로에 길이 있는 곳으로 따라가야 해요!"

2 목표 발음이 포함된 단어와 포함되지 않은 단어를 준비하세요.

목표 발음이 포함된 단어를 '시작'부터 '도착' 지점까지 연결하여 붙여주세요.

나머지 칸에는 목표 발음이 포함되지 않은 단어들을 붙여주세요.

미로의 길은 마음대로 그려 주세요.

아이에게 활동 방법을 설명해주세요.

"'사과'처럼 'ㅅ'가 포함된 단어만 찾아볼 거예요. 'ㅅ'가 포함된 단어만 따라가다보면 미로를 풀 수 있답니다."

초성 / ㅅ / 그림자 맞추기

✏️ 다음 그림을 보고 알맞은 것끼리 연결한 후, 무엇인지 큰 소리로 말해봅시다.

다음 그림을 보고 알맞은 것끼리 연결한 후, 무엇인지 큰 소리로 말해봅시다.

다음 그림을 보고 알맞은 것끼리 연결한 후, 무엇인지 큰 소리로 말해봅시다.

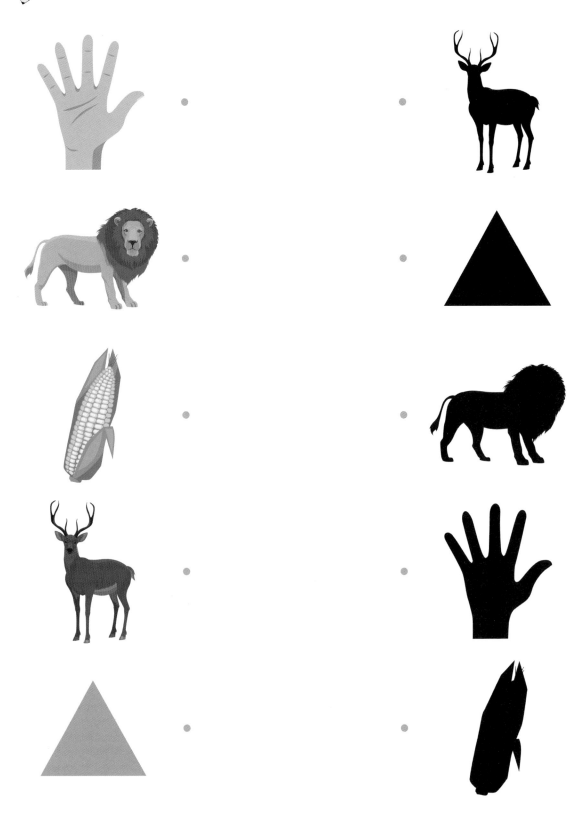

초성 / ㅆ / 그림자 맞추기

✏️ 다음 그림을 보고 알맞은 것끼리 연결한 후, 무엇인지 큰 소리로 말해봅시다.

다음 그림을 보고 알맞은 것끼리 연결한 후, 무엇인지 큰 소리로 말해봅시다.

초성 / ㄹ / 그림자 맞추기

✏️ 다음 그림을 보고 알맞은 것끼리 연결한 후, 무엇인지 큰 소리로 말해봅시다.

다음 그림을 보고 알맞은 것끼리 연결한 후, 무엇인지 큰 소리로 말해봅시다.

받침 / ㅂ / 그림자 맞추기

✏️ 다음 그림을 보고 알맞은 것끼리 연결한 후, 무엇인지 큰 소리로 말해봅시다.

다음 그림을 보고 알맞은 것끼리 연결한 후, 무엇인지 큰 소리로 말해봅시다.

✏️ 다음 그림을 보고 알맞은 것끼리 연결한 후, 무엇인지 큰 소리로 말해봅시다.

다음 그림을 보고 알맞은 것끼리 연결한 후, 무엇인지 큰 소리로 말해봅시다.

✏️ 다음 그림을 보고 알맞은 것끼리 연결한 후, 무엇인지 큰 소리로 말해봅시다.

다음 그림을 보고 알맞은 것끼리 연결한 후, 무엇인지 큰 소리로 말해봅시다.

같은 소리끼리 연결하기

발음카드(**부록 11**)를 같은 소리(/ㅅ/=/ㅅ/, /ㅆ/=/ㅆ/, /ㄹ/=/ㄹ/)끼리 짝지어 총 5쌍을 준비해주세요. 짝지은 카드를 양쪽에 하나씩 무작위로 붙여주세요. 같은 소리를 가진 단어를 찾아 줄을 긋고, 무엇인지 반복해서 말해봅시다.

발음카드를
붙여주세요.

발음카드를
붙여주세요.

발음카드를
붙여주세요.

발음카드를
붙여주세요.

발음카드를
붙여주세요.

발음카드를
붙여주세요.

발음카드를
붙여주세요.

발음카드를
붙여주세요.

발음카드를
붙여주세요.

발음카드를
붙여주세요.

재미있는 이야기 - 발음 /ㅅ/

✏️ 다음은 이어지는 이야기에 대한 그림입니다. 어떤 내용인지 생각하여 말해봅시다. 이야기 안에 포함된 중요한 단어들은 반복해서 큰 소리로 말해보아요.

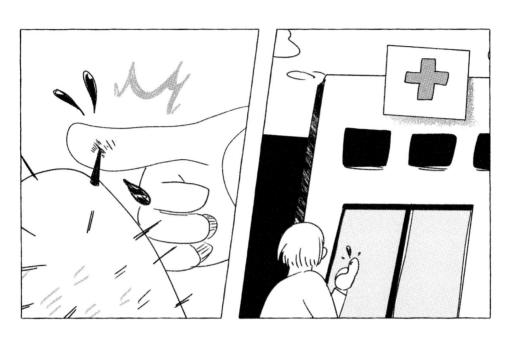

▶ **중요단어** 손, 가시, 의사, 간호사, 주사

▶ **말해봅시다** 살살 해주세요.

다음은 이어지는 이야기에 대한 그림입니다. 어떤 내용인지 생각하여 말해봅시다. 이야기 안에 포함된 중요한 단어들은 반복해서 큰 소리로 말해보아요.

▶ **중요단어** 수염, 사슴, 산타, 사진, 신발, 선물

▶ **말해봅시다** 산타 할아버지, 감사해요, 사랑해요!

다음은 이어지는 이야기에 대한 그림입니다. 어떤 내용인지 생각하여 말해봅시다. 이야기 안에 포함된 중요한 단어들은 반복해서 큰 소리로 말해보아요.

▶ 중요단어 생일, 생각, 낙하산, 사자, 원숭이, 스케이트, 손목시계
▶ 말해봅시다 생일을 생각하면 신나!

다음은 이어지는 이야기에 대한 그림입니다. 어떤 내용인지 생각하여 말해봅시다. 이야기 안에 포함된 중요한 단어들은 반복해서 큰 소리로 말해보아요.

▶ **중요단어** 염소, 사자, 시소, 참새, 모래성, 손, 씻어요, 수돗가
▶ **말해봅시다** 염소랑 참새랑 사자랑 손을 씻어요.

다음은 이어지는 이야기에 대한 그림입니다. 어떤 내용인지 생각하여 말해봅시다. 이야기 안에 포함된 중요한 단어들은 반복해서 큰 소리로 말해보아요.

▶ **중요단어** 사슴, 생쥐, 산, 숲, 소풍, 도시락, 버섯, 수박, 새우

▶ **말해봅시다** 생쥐야, 도시락 맛있어!

다음은 이어지는 이야기에 대한 그림입니다. 어떤 내용인지 생각하여 말해봅시다. 이야기 안에 포함된 중요한 단어들은 반복해서 큰 소리로 말해보아요.

▶ 중요단어 신랑, 신부, 숲, 결혼식, 감사, 인사, 턱시도, 드레스

▶ 말해봅시다 서로 사랑하면서 사세요~

다음은 이어지는 이야기에 대한 그림입니다. 어떤 내용인지 생각하여 말해봅시다. 이야기 안에 포함된 중요한 단어들은 반복해서 큰 소리로 말해보아요.

▶ 중요단어 구슬, 색종이, 수첩, 색연필, 실로폰, 솜사탕, 빨간색

▶ 말해봅시다 빨간색 솜사탕을 사먹었어요.

다음은 이어지는 이야기에 대한 그림입니다. 어떤 내용인지 생각하여 말해봅시다. 이야기 안에 포함된 중요한 단어들은 반복해서 큰 소리로 말해보아요.

▶ 중요단어 아이스크림, 선풍기, 샤워, 민소매

▶ 말해봅시다 샤워할 땐 "쏴아쏴아쏴아~"

다음은 이어지는 이야기에 대한 그림입니다. 어떤 내용인지 생각하여 말해봅시다. 이야기 안에 포함된 중요한 단어들은 반복해서 큰 소리로 말해보아요.

▶ 중요단어 원숭이, 잠수함, 불가사리, 상어, 성게, 새우

▶ 말해봅시다 바닷속은 정말 멋있어!

다음은 이어지는 이야기에 대한 그림입니다. 어떤 내용인지 생각하여 말해봅시다. 이야기 안에 포함된 중요한 단어들은 반복해서 큰 소리로 말해보아요.

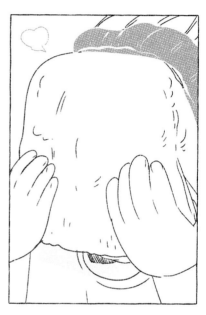

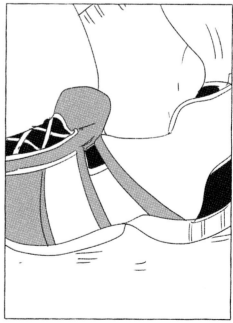

▶ 중요단어 화장실, 세수, 수건, 신발, 새 옷

▶ 말해봅시다 새 신을 신고 뛰어보자, 팔짝!!

✎ 다음은 이어지는 이야기에 대한 그림입니다. 어떤 내용인지 생각하여 말해봅시다. 이야기 안에 포함된 중요한 단어들은 반복해서 큰 소리로 말해보아요.

▶ 중요단어 씨앗, 새싹, 코스모스
▶ 말해봅시다 새싹아, 새싹아, 쑥쑥 자라라~

다음은 이어지는 이야기에 대한 그림입니다. 어떤 내용인지 생각하여 말해봅시다. 이야기 안에 포함된 중요한 단어들은 반복해서 큰 소리로 말해보아요.

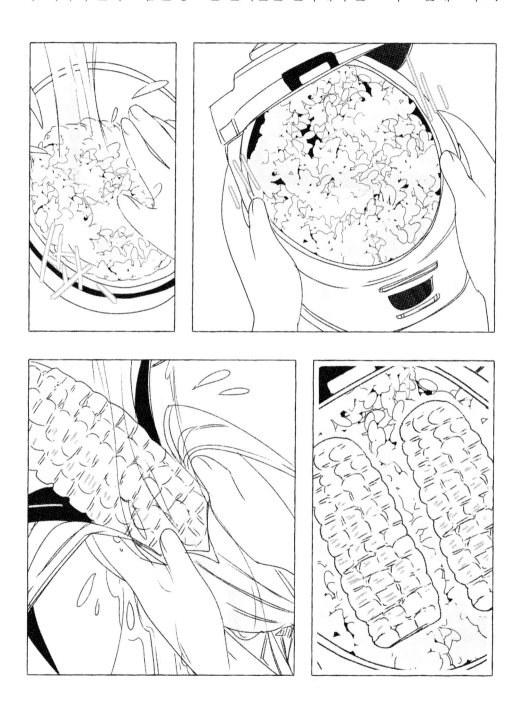

▶ 중요단어 쌀, 씻어요, 밥솥, 옥수수

▶ 말해봅시다 쌀이랑 옥수수를 밥솥에 넣으면? 옥수수밥!

다음은 이어지는 이야기에 대한 그림입니다. 어떤 내용인지 생각하여 말해봅시다. 이야기 안에 포함된 중요한 단어들은 반복해서 큰 소리로 말해보아요.

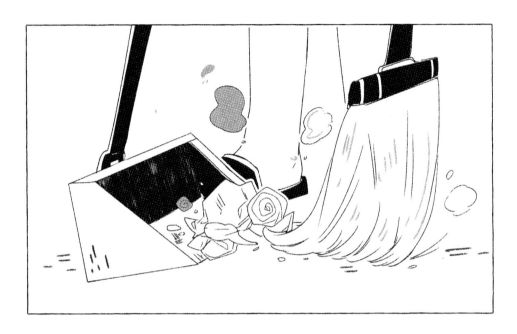

▶ 중요단어 쓰레기, 쓰레받기, 쓰레기통, 쓸다
▶ 말해봅시다 쓱쓱 쓸어서 쓰레기통에 쏙쏙!

다음은 이어지는 이야기에 대한 그림입니다. 어떤 내용인지 생각하여 말해봅시다. 이야기 안에 포함된 중요한 단어들은 반복해서 큰 소리로 말해보아요.

▶ 중요단어 싸인펜, 쌍둥이, 눈썹, 쌍꺼풀
▶ 말해봅시다 쓱쓱 그려라, 쓰윽 그려라!

다음은 이어지는 이야기에 대한 그림입니다. 어떤 내용인지 생각하여 말해봅시다. 이야기 안에 포함된 중요한 단어들은 반복해서 큰 소리로 말해보아요.

▶ 중요단어 크리스마스, 썰매, 쓰러지다
▶ 말해봅시다 씽씽~ 달리다가 쏙! 쓰러졌어요~

다음은 이어지는 이야기에 대한 그림입니다. 어떤 내용인지 생각하여 말해봅시다. 이야기 안에 포함된 중요한 단어들은 반복해서 큰 소리로 말해보아요.

▶ 중요단어 칫솔, 싹싹, 쓱쓱

▶ 말해봅시다 칫솔질을 하자! 쓱쓱싹싹!

다음은 이어지는 이야기에 대한 그림입니다. 어떤 내용인지 생각하여 말해봅시다. 이야기 안에 포함된 중요한 단어들은 반복해서 큰 소리로 말해보아요.

▶ 중요단어 낚시, 날씨, 속상하다
▶ 말해봅시다 속상하다, 속상해!

다음은 이어지는 이야기에 대한 그림입니다. 어떤 내용인지 생각하여 말해봅시다. 이야기 안에 포함된 중요한 단어들은 반복해서 큰 소리로 말해보아요.

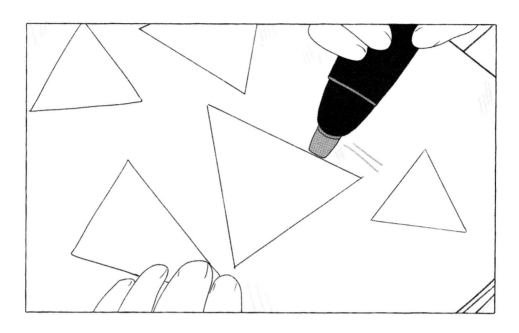

▶ 중요단어 싸인펜, 싹뚝

▶ 말해봅시다 (손으로 가위모양을 만들어) 싹뚝싹뚝, 싹뚝싹뚝!

다음은 이어지는 이야기에 대한 그림입니다. 어떤 내용인지 생각하여 말해봅시다. 이야기 안에 포함된 중요한 단어들은 반복해서 큰 소리로 말해보아요.

▶ 중요단어 아저씨, 쓰레기, 싸우다
▶ 말해봅시다 아저씨! 쓰레기 버리지 마세요!

다음은 이어지는 이야기에 대한 그림입니다. 어떤 내용인지 생각하여 말해봅시다. 이야기 안에 포함된 중요한 단어들은 반복해서 큰 소리로 말해보아요.

▶ 중요단어 코스모스, 한 쌍
▶ 말해봅시다 새도 한 쌍, 잠자리도 한 쌍

재미있는 이야기 – 발음 /ㄹ/

✏️ 다음은 이어지는 이야기에 대한 그림입니다. 어떤 내용인지 생각하여 말해봅시다. 이야기 안에 포함된 중요한 단어들은 반복해서 큰 소리로 말해보아요.

▶ 중요단어 동물원, 기린, 너구리, 코끼리, 꼬리, 흔들흔들
▶ 말해봅시다 (엉덩이에 꼬리를 만들어) 흔들흔들, 흔들어요.

다음은 이어지는 이야기에 대한 그림입니다. 어떤 내용인지 생각하여 말해봅시다. 이야기 안에 포함된 중요한 단어들은 반복해서 큰 소리로 말해보아요.

▶ **중요단어** 빨래, 널어요, 라면, 끓여요, 후룩, 젓가락, 다리미, 라디오, 할머니, 할아버지, 다려요, 들어요

▶ **말해봅시다** (각 그림을 가리키며) 주룩주룩, 후룩후룩, 다림다림, 룰루랄라

다음은 이어지는 이야기에 대한 그림입니다. 어떤 내용인지 생각하여 말해봅시다. 이야기 안에 포함된 중요한 단어들은 반복해서 큰 소리로 말해보아요.

▶ 중요단어 할로윈, 로봇, 유령, 발레리나

▶ 말해봅시다 해피 할로윈!!

다음은 이어지는 이야기에 대한 그림입니다. 어떤 내용인지 생각하여 말해봅시다. 이야기 안에 포함된 중요한 단어들은 반복해서 큰 소리로 말해보아요.

▶ 중요단어 다람쥐, 목도리, 줄무늬, 도토리, 꼬리
▶ 말해봅시다 다람쥐야! 껍질 까서 먹어!

다음은 이어지는 이야기에 대한 그림입니다. 어떤 내용인지 생각하여 말해봅시다. 이야기 안에 포함된 중요한 단어들은 반복해서 큰 소리로 말해보아요.

▶ 중요단어 머리, 린스, 드라이기, 말리다, 화장실, 바람

▶ 말해봅시다 ○○아, 머리 잘 말려!

✏️ 다음은 이어지는 이야기에 대한 그림입니다. 어떤 내용인지 생각하여 말해봅시다. 이야기 안에 포함된 중요한 단어들은 반복해서 큰 소리로 말해보아요.

▶ 중요단어 색연필, 보라색, 파란색, 노란색, 동그라미, 눈사람, 그리다, 겨울

▶ 말해봅시다 눈사람은 눈을 데굴데굴 굴려서 만들지요.

✎ 다음은 이어지는 이야기에 대한 그림입니다. 어떤 내용인지 생각하여 말해봅시다. 이야기 안에 포함된 중요한 단어들은 반복해서 큰 소리로 말해보아요.

▶ 중요단어 카레, 요리, 콜라, 초콜릿, 요구르트, 배부르다
▶ 말해봅시다 (배를 만지며) 배불배불배불러요~

다음은 이어지는 이야기에 대한 그림입니다. 어떤 내용인지 생각하여 말해봅시다. 이야기 안에 포함된 중요한 단어들은 반복해서 큰 소리로 말해보아요.

▶ 중요단어 모래, 놀이터, 눌러요, 벌레, 놀라다, 소리 지르다
▶ 말해봅시다 소리를 질러봅시다! 벌레다!!

이중모음 연습하기

이중모음은 2개의 모음이 연결되어 나는 소리랍니다. 2개의 모음을 순서대로 빠르게 발음할 수 있어야 하지요. **부록 12**에 있는 연결된 2개의 입모양 카드를 보며 이중모음 소리를 어떻게 발음해야 하는지 연습해봅시다.

이중모음의 종류

야	여	요	유
얘	예	의	위
웨	왜	워	와

▶ Check piont!

'ㅐ'와 'ㅔ'는 표준어 규정상 명확하게 다른 소리입니다. 'ㅔ'에 포함되는 소리인 'ㅔ'는 [e]로 발음되는 전설중모음이고, 'ㅐ'에 포함되는 소리인 'ㅐ'는 [ɛ]로 발음되는 전설저모음입니다. 즉, 'ㅐ'와 'ㅔ'는 혀의 높낮이와 입이 벌어진 정도에서 차이가 난답니다.

그러나, 현실적으로 구어 표현 시 이 둘을 분명하게 구별하기가 어렵답니다. 발음을 연습할 때에는 유사하게 연습을 하되, 문법과 어휘 학습 시 더 명확하게 구별하여 확립될 수 있도록 해주세요.

와와! 같이 외쳐보자 – 이중모음

다음 그림에 나타난 상황을 보고 어떤 말을 해야 하는지 생각한 후, 큰 소리로 반복해서 말해봅시다. 2음절 이상의 단어로 제시된 경우, 이중모음 부분을 길게, 강조하여 발음해볼 수 있도록 유도해주세요! (ex. 여보 → 여----------보!)

야

▶ 부록13에 있는 이중모음 그림을 더 활용해보세요!

다음 그림에 나타난 상황을 보고 어떤 말을 해야 하는지 생각한 후, 큰 소리로 반복해서 말해봅시다. 2음절 이상의 단어로 제시된 경우, 이중모음 부분을 길게, 강조하여 발음해볼 수 있도록 유도해주세요!

여

▶ 부록13에 있는 이중모음 그림을 더 활용해보세요!

다음 그림에 나타난 상황을 보고 어떤 말을 해야 하는지 생각한 후, 큰 소리로
반복해서 말해봅시다. 2음절 이상의 단어로 제시된 경우, 이중모음 부분을 길게,
강조하여 발음해볼 수 있도록 유도해주세요!

요

▶ 부록13에 있는 이중모음 그림을 더 활용해보세요!

다음 그림에 나타난 상황을 보고 어떤 말을 해야 하는지 생각한 후, 큰 소리로 반복해서 말해봅시다. 2음절 이상의 단어로 제시된 경우, 이중모음 부분을 길게, 강조하여 발음해볼 수 있도록 유도해주세요!

유

▶ 부록13에 있는 이중모음 그림을 더 활용해보세요!

다음 그림에 나타난 상황을 보고 어떤 말을 해야 하는지 생각한 후, 큰 소리로 반복해서 말해봅시다. 2음절 이상의 단어로 제시된 경우, 이중모음 부분을 길게, 강조하여 발음해볼 수 있도록 유도해주세요!

얘

▶ 부록13에 있는 이중모음 그림을 더 활용해보세요!

다음 그림에 나타난 상황을 보고 어떤 말을 해야 하는지 생각한 후, 큰 소리로 반복해서 말해봅시다. 2음절 이상의 단어로 제시된 경우, 이중모음 부분을 길게, 강조하여 발음해볼 수 있도록 유도해주세요!

예

▶ 부록13에 있는 이중모음 그림을 더 활용해보세요!

다음 그림에 나타난 상황을 보고 어떤 말을 해야 하는지 생각한 후, 큰 소리로 반복해서 말해봅시다. 2음절 이상의 단어로 제시된 경우, 이중모음 부분을 길게, 강조하여 발음해볼 수 있도록 유도해주세요!

의

▶ 부록13에 있는 이중모음 그림을 더 활용해보세요!

다음 그림에 나타난 상황을 보고 어떤 말을 해야 하는지 생각한 후, 큰 소리로 반복해서 말해봅시다. 2음절 이상의 단어로 제시된 경우, 이중모음 부분을 길게, 강조하여 발음해볼 수 있도록 유도해주세요!

왜

▶ 부록13에 있는 이중모음 그림을 더 활용해보세요!

다음 그림에 나타난 상황을 보고 어떤 말을 해야 하는지 생각한 후, 큰 소리로 반복해서 말해봅시다. 2음절 이상의 단어로 제시된 경우, 이중모음 부분을 길게, 강조하여 발음해볼 수 있도록 유도해주세요!

웨

▶ 부록13에 있는 이중모음 그림을 더 활용해보세요!

다음 그림에 나타난 상황을 보고 어떤 말을 해야 하는지 생각한 후, 큰 소리로 반복해서 말해봅시다. 2음절 이상의 단어로 제시된 경우, 이중모음 부분을 길게, 강조하여 발음해볼 수 있도록 유도해주세요!

워

▶ 부록13에 있는 이중모음 그림을 더 활용해보세요!

다음 그림에 나타난 상황을 보고 어떤 말을 해야 하는지 생각한 후, 큰 소리로
반복해서 말해봅시다. 2음절 이상의 단어로 제시된 경우, 이중모음 부분을 길게,
강조하여 발음해볼 수 있도록 유도해주세요!

와

▶ 부록13에 있는 이중모음 그림을 더 활용해보세요!

다음 그림에 나타난 상황을 보고 어떤 말을 해야 하는지 생각한 후, 큰 소리로 반복해서 말해봅시다. 2음절 이상의 단어로 제시된 경우, 이중모음 부분을 길게, 강조하여 발음해볼 수 있도록 유도해주세요!

위

▶ 부록13에 있는 이중모음 그림을 더 활용해보세요!

모음 중 원순모음인 'ㅗ/ㅜ' 발음이 부정확한 경우에는 어떻게 연습해야 하나요?

이중모음만큼이나 많은 아이들이 어려워하는 소리가 바로 원순모음 'ㅗ / ㅜ' 입니다. 어린 시기에 빠는 힘이 부족했다던지, 섭식에 문제를 보인 경우, 전체적으로 몸의 균형이나 협응 능력이 떨어지는 경우, 말할 때 안면근육이나 입술, 혀, 턱 등의 조음기관을 많이 움직이지 않는 경우에 더욱 부정확해지는 모음 소리이지요. 자음에 비해 모음(단모음)은 비교적 빨리 발달하여 안정화됩니다. 따라서 자음 발음이 부정확한 경우보다 모음에서 소리를 잘 못 내는 경우에 더욱 심한 발음 문제로 간주하기도 한답니다. 따라서, 말소리 중 원순모음에 어려움을 보인다면 빠르게 치료해주는 것이 필요하답니다.

원순모음을 연습할 때에는 다음의 방법을 따라해보세요.

원순모음 형성 방법

1 빨대와 같이 둥글게 생긴 긴 막대의 끝 부분 활용하여 입을 동그랗게 오므리는 연습을 해봅시다.

눈으로 상대방의 입모양을 그냥 보고 따라하는 것보다 입술을 오므릴 수 있도록 대상물을 입에 대주는 것이 훨씬 효과적이랍니다. 구슬 같은 것은 삼킬 수 있으니 어른이 잡은 상태에서 할 수 있는 도구가 좋답니다.

2 입술 주변과 볼, 턱을 중심으로 마사지를 많이 해주세요. 특히, 아이가 원순모음을 발음할 때 안면을 자극해주어 움직임이 원활히 될 수 있도록 도와주는 것도 좋답니다.

마사지를 해주실 때에는 아이의 뒤통수가 벽에 닿아있도록 해야 머리가 뒤로 밀리지 않는답니다. 아이가 입을 오므리고 모을 때 자신의 입술이 돌출하고 입술 주변 근육에 힘이 들어가는 것을 감촉으로도 느끼게 해주세요. 단, 감각이 매우 예민한 아이는 직접적이고 자극이 강한 마사지는 피해야 합니다.

3 /ㅜ/는 치아를 붙인 상태에서, /ㅗ/는 입을 벌리면서 연습해보세요.

원순모음이 잘 안되는 아이들은 /ㅗ/와 /ㅜ/의 차이를 구별하는 것이 매우 어렵기 때문에 혼동하여 발음합니다. 당연히 두 음소의 차이에 따라 구강 안의 크기나 입술 모양 등을 결정하는 것이 매우 어렵지요. 따라서 위와 같이 연습하면서 입술을 둥글게 모이도록 자극하면 자연스럽게 입모양이 만들어지며 바른 소리가 난답니다.

의문사 그림

✏️ 다음은 의문사 '누가, 언제, 어디, 무엇, 어떻게, 왜'에 대한 그림 자료입니다.
부록 14를 활용하여 다음 제시된 의문사 이야기 활동을 해보세요.

누가	언제	어디	무엇	어떻게	왜

▷ 의문사 질문하기

▶ Check piont!

부록 14에 있는 그림 중 하나를 선택하여 아이에게 보여준 후, 그림에 적절한 의문사 질문을 해주세요.

– 누가 했어요? / 누가 있나요? / 누가 상자를 들었나요?

– 언제 그랬나요? / 지금은 언제인가요?

– 어디인가요? / 어디로 가나요?

– 무엇을 하고 있나요? / 무엇을 잡았나요? / 무엇인가요?

– 어떻게 되었나요? / 어떻게 하였나요? / 어떤 기분인가요?

– 왜 그랬을까요? / 왜 다쳤나요? / 왜 우나요?

▷ 의문사 문장 말하기

▶ Check piont!

먼저 아이가 설명할 그림을 선택하여 보여주세요. 그런 다음, 의문사카드를 선택한 그림 밑에 순서대로 놓아줍니다. 의문사카드 순서에 맞게 선택 그림에 나타난 상황을 설명해보도록 합니다.

역할놀이를 준비해요

✎ 다음 제시된 주제에 맞게 마인드맵을 완성하여 역할놀이를 할 때 필요한 것들에 대해 알아봅시다.

누가

놀이할 때 누가 나올까요? 어떤 역할들이 필요할까요?

어디

어떤 공간들이 필요할까요?

(ex. 가게→ 계산대, 밥 먹는 곳, 화장실, 셀프바 등)

무엇

놀이할 때 필요한 것은 무엇이 있을까요?

(ex. 가게→ 계산대, 의자, 책상, 변기, 돈 등)

어떻게

필요한 것들을 어떻게 마련할 수 있을까요?

(ex. 계산대→ 벽돌블럭이랑 숫자스티커로 만들어요)

'어떻게' 의문사 카드를 활용하여 완성된 마인드맵 위에 놓아보며 필요한 것을 지금 현재 가지고 있는 장난감이나 사물, 재료 등을 활용해 어떻게 만들 것인지 이야기해보세요.

누가   어디   무엇   어떻게

▶ Tip!

'누가, 어디, 무엇, 어떻게' 카드를 활용하여 마인드맵을 계속 확장해보세요. '누가' 역할을 할지에 대해 정한 다음 '어떻게' 카드를 활용해 그 역할을 하려면 어떻게 움직이거나 꾸며야 하는지 등에 대해 이야기 해보거나, '어디' 카드를 이용해 어떤 장소가 필요한 지 이야기한 다음 '누가' 카드를 활용해 누가 그 장소에 있는 것이 적절한지 등에 대해 말해보면 효과적인 활동이 될 수 있답니다.

다음 제시된 주제에 맞게 마인드맵을 완성하여 역할놀이를 할 때 필요한 것들에 대해 알아봅시다.

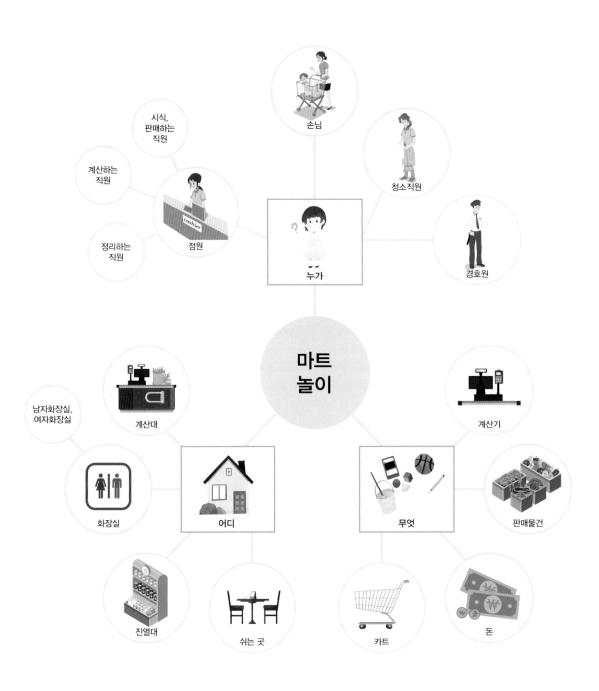

역할놀이를 할 때 어떤 것들이 필요할까요? 주제를 보고 필요한 것들을 **부록 15**에서 찾아 붙여 마인드맵을 완성해보세요.

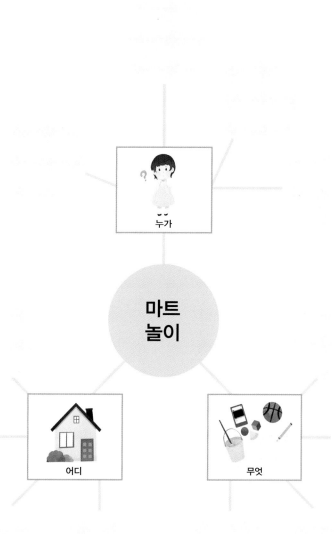

다음 제시된 주제에 맞게 마인드맵을 완성하여 역할놀이를 할 때 필요한 것들에 대해 알아봅시다.

✎ 역할놀이를 할 때 어떤 것들이 필요할까요? 주제를 보고 필요한 것들을 **부록 15**에서 찾아 붙여 마인드맵을 완성해보세요.

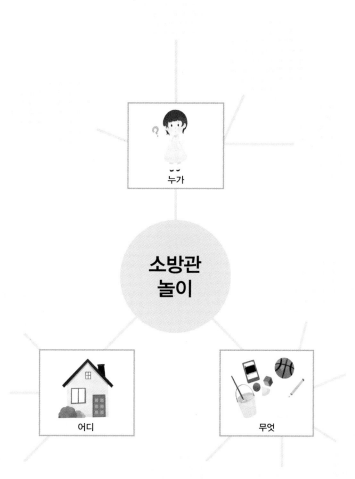

다음 제시된 주제에 맞게 마인드맵을 완성하여 역할놀이를 할 때 필요한 것들에 대해 알아봅시다.

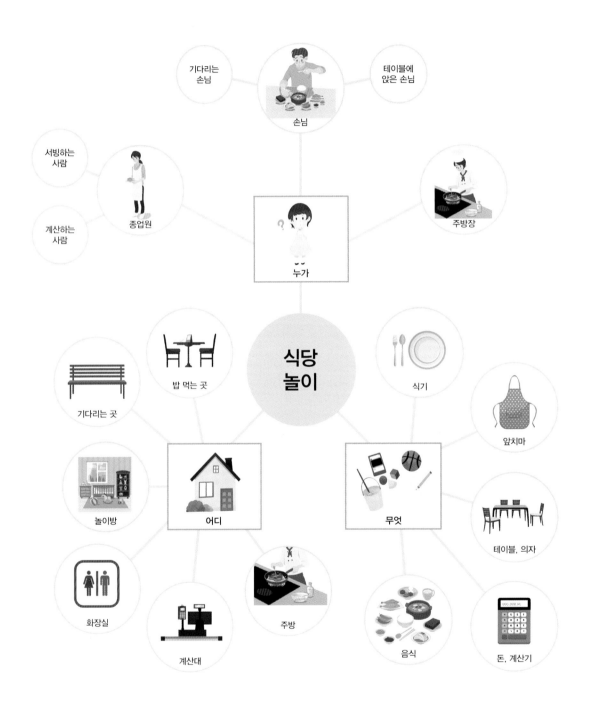

✐ 역할놀이를 할 때 어떤 것들이 필요할까요? 주제를 보고 필요한 것들을 **부록 15** 에서 찾아 붙여 마인드맵을 완성해보세요.

다음 제시된 주제에 맞게 마인드맵을 완성하여 역할놀이를 할 때 필요한 것들
에 대해 알아봅시다.

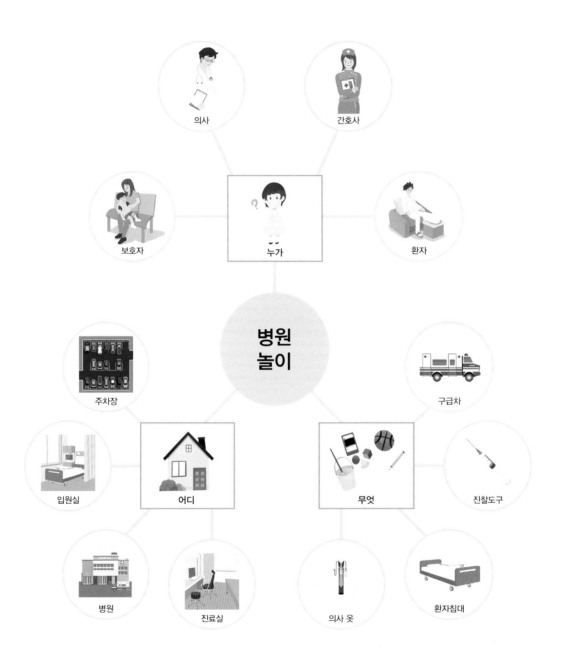

역할놀이를 할 때 어떤 것들이 필요할까요? 주제를 보고 필요한 것들을 **부록 15**에서 찾아 붙여 마인드맵을 완성해보세요.

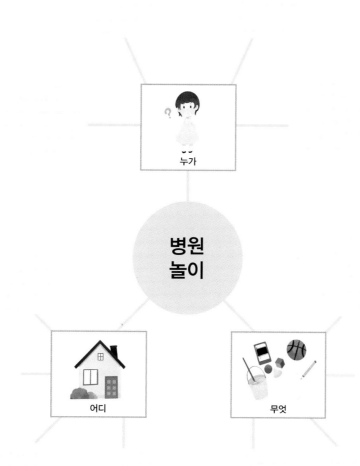

역할놀이를 할 때 어떤 것들이 필요할까요? 주제를 정한 후, 자유롭게 이야기하며 마인드맵을 완성해봅시다.

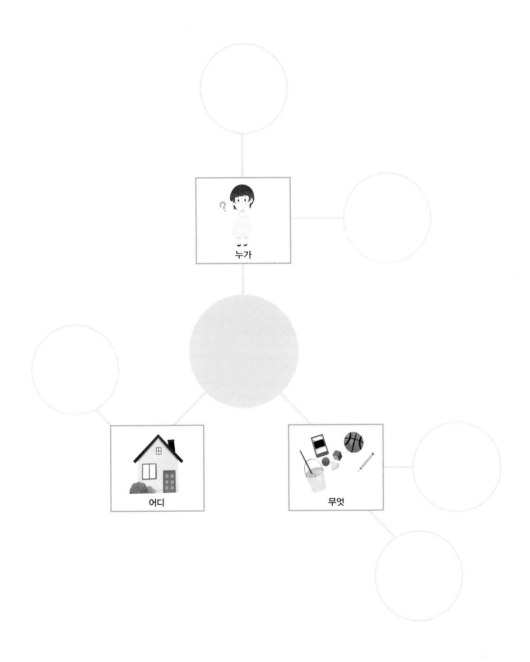

추억 말하기

🖊 친구의 추억 사진을 살펴보세요. 어떤 일이 있었는지 이야기 해보고, 나도 같은 경험을 한 적이 있는지 생각해봅시다.

★ 사진 일기 ★

날짜 : 6 월 7 일 일 요일   날씨 : ☀️ ☂️ ⛄ ☁️ 🌦️

제목 : 아쿠아리움

		오	늘		이	모	와		아	쿠
아	리	움	에		갔	다	.			물
고	기	가		많	이		있	어	서	
재	미	있	었	다	.					

307

✏ **부록 16**에 있는 친구들의 추억 사진을 붙여보세요. 어떤 일이 있었는지 이야기
해보고, 나도 같은 경험을 한 적이 있는지 이야기해 봅시다.

★─────★─────★─────★ 사진 일기 ★─────★─────★─────★

날짜 :   월   일   요일   날씨 : ☀ ☂ ⛄ ☁ 🌫

제목 :

사진을 붙여주세요.

메모